親も子も幸せになれる

はじめての中学受験

中学受験情報局「かしこい塾の使い方」
主任相談員
小川大介

CCCメディアハウス

はじめに

「中学受験で親子ともに幸せになってほしい」

そう思いながら、中学受験に関わる仕事をして28年になります。

そして、

「中学受験で親子ともに**幸せになれる**」

と確信できるようになったのは、この3年です。


私と中学受験の関わりについて、少し昔ばなしをさせてください。

大阪の南河内に生まれた私は、ごく標準的なサラリーマン家庭に育ちました。父母は教育に熱心なほうでしたが、習いごとはスイミングだけ。

子ども心に家計にそれほど余裕がないことはわかっていましたから、塾に通ったり通信教育を受けたりなんて、考えもしませんでした。「そんなの贅沢だ」と本気で思っていました。

ただ、親から中学高校の話を聞いているうちに、中学受験をすることに少し関心はわいていました。「頭がいい人が集まる中学校って、どんなのだろう」と。私立中学は無理だけれど、国立なら通わせてもらってもいいかな？　でも塾なんてお金がもったいないしな、そんなことを思う小学5年生でした。

小6になる春休みのことです、父が「大介、塾に行ってみるか？」と言うのです。手には、大阪市内の小規模だけれど歴史のある塾の講習会チラシがありました。「え？　いいの？」と言いながら講習会費をチェックする私に、「それぐらい心配ないから」と父も苦笑しながら背中を押してくれました。

そんな私ですから、同じクラスの子が「塾は嫌だけどお母さんが怒るから……」と発言するのを聞いたときには、心の底から驚きました。「お金出してもらってて、何言うてんねん？　嫌なら辞めたらええやん！」と思わず口から出たほどです。

その場にいた子たちに「こいつは何を言っているのだろう」という目で見られたシーンは、今でも時折思い出します。

私の町では考えられないぐらい、都市部の子どもたちは中学受験が当たり前になっているんだ、そして親がレールを敷いている家庭がこんなに多いんだという二重の衝撃でした。

さて、1年弱の塾通いを経て、私は大阪星光学院中学校に進学します。私の入学年度は国語と算数の2科目だけの受験だったので、塾経験が浅い私でもなんとかなったのでしょう。入学して最初のころは話題も限られるので、自然と同級生の中学受験の思い出が耳に入ってきます。そのときの私を思い出すと、どこか一歩引いて聞いているのです。「勝手なこと言ってるなぁ、親も大変だったろうに」「そんなに必死になる親の気持ちって、なんだろうな」といった感じです。

今、中学受験や子育ての親御さんサポートを仕事としているのも、私にとっては必然だったのかもしれません。中高6年間の学費を奨学金に頼ったのも、私の歴史の一つです。

大学に進学した私は、生活費を稼ぐために迷わず塾講師のバイトを選びます。学生当時は成績を上げること、わかりやすい授業をすることに力を入れる、ザ・塾講師でした。

そのまま塾に関わり続けて仲間と個別指導塾を立ち上げると、子どもの学習を改善するには家庭のあり方、親御さんの考え方にも関わっていく必要があることに気づき、どこよりも早くコーチングを取り入れた指導スタイルを作り上げてきました。
その指導は確実に成果を上げてきたのですが、同時に私の中にある疑問もふくらんできました。

なぜこれほどに、親御さんたちは子どもに勉強を押しつけてしまうのだろう?

なぜこれほどに、中学受験は親の気持ちをかき乱すのだろう?

なぜ塾業界は、親子の冷静な判断を手伝わないのだろう?

その答えを私にもたらせてくれたのは、私の妻と息子です。わが子の子育てにリアルに関わり、中学受験にも実際に取り組む中で、見えてきたこと気づいたことがあります。
これまで個別サポートしてきた親子は6000を数えますが、家族のリアルな経験を得て、理解を新たにできたことも多々あります。

そして今、確信しているのです。

中学受験は、適切につきあえば親子を幸せにしてくれる時間だ、と。

最終的に中学受験をするもしないも家庭の判断だけれど、親が前もって知っておくといいことがあり、前もって取り組んでおくといいことを実行すれば、親子の幸福感はぐっと高められるのです。

本書は中学受験本としては、やや異色な内容かもしれません。

ただ、読み終えたときにあなたが「うちの子育てにもう迷わない」という自信を持ち、わが子のこれからにワクワクできることだけはお約束します。

親子ともに幸福になれる中学受験とのつきあい方を、これから一緒に見ていきましょう。

親も子も幸せになれる　はじめての中学受験　目次

第1章　なぜ今、子育ては大変なのか？

第2章 中学受験、わが家の選択

第3章 中学受験を始めたら……

第4章 子どもが伸びる環境と親の関わり

第5章 中学受験、その後

●編集協力／石渡真由美
●カバーデザイン／高瀬はるか
●本文デザイン／斎藤 充（クロロス）
●カバーイラスト／けいもとひとみ
●校正／株式会社 文字工房燦光

第1章

なぜ今、子育ては大変なのか？

とにかく毎日が忙しい！

朝は誰よりも早く出勤し、昼はコンビニのおにぎりを頬張りながらパソコンに向かう。それでもやり残している仕事はあるけれど、タイムリミット。家に一人で留守番をしている子どもがいると思うと、「早く帰ってあげなきゃ！」と気が気じゃない。周りがまだ仕事をしている中、一人先に帰る気まずさ……。

そんな葛藤と毎日戦っているのに、家に帰れば「取り込んでおいてね」と言っておいた洗濯物がベランダに干しっぱなし。リビングの机には、宿題の漢字ドリルが途中で止まっている。そして、わが子はソファーに寝転んでゲーム三昧。その姿を見て、怒りが爆発！

そんな日々にグッタリ……、という働くお母さんの声を耳にします。

共働きが増えている今、自分自身も仕事は続けたいと思っているけれど、なにせ毎日が忙しすぎて心に余裕が持てない。特に子どもが小学生になってから、その大変さを強く感じている親御さんは多いのではないでしょうか。

保育園時代は比較的よく似た境遇のお母さんたちばかりだったから、それほど強く意識せずに済んだけれど、小学校になると保育園上がりのお子さん、幼稚園上がりのお子さんが混じり合います。園によって文化も違いますし、専業主婦の方の中には、特に子育てに熱心な様子を見せる人もいます。

その様子に戸惑って「私が仕事をしているから、この子をしっかり見てあげることができない。こんな状態で、この子の力を伸ばしてあげられるのかしら……」と、モヤモヤした気持ちになるお母さんもいらっしゃるようです。

一方、専業主婦のお母さんには別の悩みがあるようです。子育てが生活の中心となっているため、「私がこの子をしっかり育てなければ!」と過度に力が入ってしまう面があるのです。

「小さいときからピアノをやっておくと脳にいいらしい」「これからは英語とプログラミングは必須だから、早いうちからやらせておいたほうがいい」と聞けば、あれもこれもやらせたくなり、気がつくと、毎日家事と子どもの習い事の送り迎えだけで1日が終わってしまう。

でも、相手は子どもなので、準備に時間がかかったり、「行きたくな～い」とグズられたりと、スムーズにいかないことだらけ。そして「早くしなさい！」と大声を上げる日々。どちらもわが子を愛し、わが子のためを思って行動しているのに、うまくいっていない……。そして、思うのです。「子育てって大変だな」と。

周りの子育てがキラキラしているように見える

では、なぜ今、お母さんたちはこんなに忙しいのでしょうか？

ここでみなさんの子ども時代をちょっと振り返ってみてください。みなさんが小学生の低学年だったとき、みなさんのお母さんはここまで忙しかったでしょうか？

当時はまだ働く女性が少なく、専業主婦のお母さんが多かったのではないかと思います。そういうご家庭では、学校から帰ってくると、お母さんがおやつを用意して待っていてくれたかもしれません。

でも、そのあとは子ども同士で遊ぶ約束をしていたから公園へ(約束をしなくても公園に行けば誰かがいる)。そして、夕食の時間になるギリギリまで遊んでいませんでしたか? 習い事をしていても、せいぜい一つ二つで、それだって子ども同士で行っていましたよね?

そもそも、当時は中学受験が今ほどメジャーではありませんでした。塾通いをしている子もごく一部でしたし、入試に必要な学習量も今と比べればはるかに少しで済みました。受験家庭だとしても、親が子どもにつきっきりなんてシーンは珍しかったのです。

あのころ、世間からも親はそこまで子どもにベッタリを求められていなかったのです。

でも今は、度重なる児童の事件で、子どもだけで行動することを心配する親御さんが増えました。何かあればすぐ親のせいにするような、おかしな自己責任論が広がって、親のほうも神経がピリピリしています。

また、放課後にグラウンドを開放しない小学校も増え、子どもの遊び場が限られるようになりました。そこに、中学受験熱の高まりも加わり、塾や新しいタイプの習い事で、小学生の放課後の過ごし方が大きく変わりました。

今の時代で親をやっていると、気持ちの面でも物理的にもめちゃくちゃ忙しいのです。

さらに今は、ネットニュースやSNSでありとあらゆる子育て情報が流れてきます。

「習い事は、勉強系とスポーツ系と芸術系をそれぞれやらせたほうがいいらしい」
「理系に強くなるには、小さいころからロボット教室に通わせたほうがいいらしい」
「中学受験をするなら、3年生の2月から塾通いが始まると言うけれど、大手進学塾のSAPIXの人気校舎に入れるなら、1年生から入れておかないと上位クラスに上がりにくいらしい」

など、〝やらせたほうがよさそうなもの〟〝やらせないと自分たちだけが取り残されそうなもの〟の情報がたくさん飛び込んできます。

すると「うちはこのままでいいのだろうか？」「もっと、何かやらせたほうがいいのではないだろうか？」と焦りや負い目を感じるようになります。**情報がたくさんあることによって、かえって子育てがしづらくなっている**のです。

選択が求められる時代の渦中で

さらに、お母さんたちを不安な気持ちにさせるのは、**今の時代の子育ては選択肢が多いことです。**

お母さんたちが小学生だったころは、小学校を卒業すると、地元の公立中学に通い、15歳の高校受験で初めて「受験」を経験する子がほとんどだったと思います。今も地方ではそれが一般的ですが、**首都圏の一部の地域では4人に1人が、学区によっては8割以上の子が中学受験をする**と言われる時代。「自分は公立中学出身だから、この子も公立中学でいいのでは？」と安易に言えない状況になっています。

かつて中学受験といえば、とび抜けて教育熱心なご家庭や、キリスト教校に入れたいなどのこだわりを持った一部のご家庭が選択するものでした。ところが今は、公立中学への不信感や大学受験への優位性などから、多くのご家庭が中学受験に関心を寄せています。

経済的に厳しいとあきらめていたご家庭でも、十数年前に公立中高一貫校が誕生したことで、教育費の負担を抑えて、6年一貫のカリキュラムが受けられるようにもなりました。

また、これまではある一部の裕福なご家庭だけの世界というイメージだった小学校受験においても、一般家庭の受験が増えています。かつて小学校受験といえば、平日に幼児教室に通わせることが必須で、専業主婦のお母さんのいる家庭でなければ難しいと言われていましたが、今は共働き家庭も多いそうです。

大学受験においても、知識重視型の入試が記述力や思考力、表現力が求められる入試へと変わろうとしています。こうした力は、幼いころの体験や家庭での過ごし方によって身につくものと言われると、幼少期からたくさんの習い事や特別な体験をさせておかなければと、あれもこれもやらせたくなる。

一方、これから世界がますますグローバルにつながるこの時代、国内だけではなく海外の大学へ進学し、海外で働くという選択肢も無視できません。世界の情報を得るためにも英語の力は必須ですから、会話の力と異文化理解を考えると、十代のうちに海外留学をさせたいと考えるご家庭も増える一方です。

子育ての選択肢の幅が、ますます広がっています。

今までなら15歳の高校受験を迎えるときまで、深く考えなくてもよかった子どもの進路を、小学校受験であれば2~3歳のうちに、**中学受験であれば8~9歳のうちに決めなければならなくなっているのです。**

目の前にいるわが子はまだこんなに幼いのに、決めなければならないことが前倒しになり、しかもその選択肢が多い。そのため、何を選択してよいのかわからず、子育てに不安を感じている親御さんがたくさんいらっしゃいます。

実際、私のセミナーにいらっしゃる親御さんたちからも、専業主婦の方も働いていらっしゃる方も区別なく、さまざまな不安の声を聞きます。

中学受験が頭に浮かんだら……

あるセミナーのあと、小学2年生の男の子のお母さんからこんな相談を受けました。

「先日、息子が通う小学校の授業参観に行ってきたのですが、授業が単調すぎて、クラスの半数の子はつまらなそうに時間を過ごしていました。うちの子は何でもできるタイプの子ではないのですが、算数と理科が得意で、その力を伸ばしてあげるには、公立中学よりも私立中学のほうがいいのではないかと思っています。ただ、私がフルタイムで仕事をしていてずっとそばにいられないのと、夫が中学受験に賛成という感じではないので、ちゃんと受験のサポートをしてあげられるかが心配です」

公立小学校の授業や先生の対応に物足りなさや不信感を抱き、「公立って大丈夫?」という不安から、中学受験を選択するご家庭は少なくありません。また、子どもの得意を伸ばしてあげたいという考えから、前向きに中学受験を選択するご家庭もあります。

その一方で、「中学受験をするなら親のサポートは不可欠」という巷の受験情報をそのまま受け取り、母親である自分が一生懸命頑張らなければ中学受験はできない、と思い込んでいる親御さんもかなり多いようです。ただ中学受験の大変さばかりが強調されて流れてくるのですから、尻込みしてしまうのは無理もありません。

特に子どもと一緒に過ごせる時間が限られている働くお母さんは、果たして自分に中学受験生の親が務まるのだろうか、と思うことでしょう。

また、お母さんは「中学受験をさせたい」と思っているのに、お父さんは反対している、またはそこまで関心がないというご家庭のご相談もこれまで数多く受けてきました。

でも……。

「先生、**中学受験が気にならない親は、いない**と思います!」

先ほどのお母さんから言われた言葉です。

私の胸に刺さる言葉でした。

そうだよな、最終的に中学受験を選ばなかったとしても、それまでに迷って悩んで、いろいろな条件を考えた結果、後ろ髪を引かれる思いで「うちは中学受験はしません」とおっしゃっているご家庭は、どれほど多いだろう……と。

このお母さんの悩みを聞いたとき、今の時代のお母さんの心のモヤモヤを受け止めたように感じたのです。

自分のことだけでも手いっぱいだというのに、決めなくてはいけないことが多すぎる！悩まなければならないことが、次から次にやってくるのです。

本書では、そんな親御さんたちの不安を取り除きたい、考えること悩むことの整理をお手伝いしたいと思っています。わが子を想う親の心に一切曇りはないのだから、自信を持ってもらいたいのです。私がわかることをお伝えして、中学受験を選ぶにしろ選ばないにしろ、選択そのものの不安を和らげてさしあげたい。

そして中学受験を選んだのであれば、ご家族が笑顔で中学受験を乗り越え、その先の未来へとつないでいけるヒントをお渡ししたいと思っています。

まずは、その第一歩のお話をさせてください。

とても大事なことです。それは、**お母さんが一人で悶々と悩む前に、子育てのパートナーであるお父さんとしっかり話をすること**です。

そして、**自分自身と対話すること**です。

子どもの話をする前に、**親である自分たちに目を向けることが第一歩**となります。

お子さんをどんな人に育てたいですか?

めぐりあい、お互い惹かれ合って結婚したのに、「こんなはずじゃなかった……」というのは、結婚生活が始まってから大なり小なりあるものです。

わが家は今年で結婚生活14年を迎えますが、それでも今も「えっ? そんなこと思っていたの?」「前はこう言っていたのになぁ」と戸惑うことがあります。

若いころはそれで喧嘩もしました(私が一方的に不機嫌になって、奥さんを困らせることが大半でした。ごめんなさい……)が、コーチングの師匠からいただいた「結婚生活というものは、毎日1枚の契約書を書き直していく作業だ」という言葉を折にふれて意識することで、お互いの違いを「あ、そうなの？　今、初めて知ったわ」ぐらいで受け止められるようになりました。

出会うまではお互いに別の人生を歩んできていて、結婚してからもお互いに異なる感性で日々を経験しているのですから、違うところがあるのが当たり前。知らなかったところが見つかることも、当たり前なんですね。

日々お互いに関心を持つこと、話をすることは本当に大事だと実感しています。

特に、夫婦にとって子育ては最も大切なもので、だからこそ、そのすり合わせは最重要。でも頭ではわかっているけれど、忙しかったり、「あなたも、もちろんこう思っているよね？」と思い込んでいたり、「何を言ってもわかってもらえない」からあきらめてしまっていたりと、話をすることが後回しになってしまっているご家庭は、とても多いように思います。

中学受験専門の個別指導塾を設立し、指導にあたっていたころから現在に至るまで、私はたくさんのご家庭の面談をしてきました。その数は、6000件以上になります。

その中で毎年必ず出会うのが、中学受験に対する夫婦の考え方に大きなズレがあるご家庭です。

6年生の夏の段階でお子さんの成績が伸び悩み、ご夫婦で相談にいらしたのに、途中から「だから、俺は中学受験に反対だったんだ！　お前が勝手に始めて、こんなことになって……」「何言っているのよ。あなたは何もしていないくせに！」と夫婦喧嘩が始まってしまうケースすら少なくないのです。このような状況で、お子さんが落ち着いて勉強ができるはずもありません。

私は中学受験を「する」「しない」にかかわらず**「お子さんをどんな人に育てたいか」という〝子育てビジョン〟は、夫婦で確認することが本当に大切**だと考えています。

その時期の理想はお子さんを授かったときですが、そのころのお母さんは「この子が無事に生まれてくれるだろうか」ということだけで頭の中がいっぱいだと思います。また、生まれてからも0歳～1歳半を過ぎるくらいまでは、子どもは体調を崩しやすく「とにかく健康に育ってほしい」という思いが大半を占め、「どんな子に育ってほしいか」までを考える余裕はないかもしれませんね。わが家もそのころの妻は、初めての子育てに必死でした。

でも、2歳を過ぎると子育てにも少し慣れ、目の前にいるわが子を見て、「こんな子に育ってほしいなぁ」と思い描ける瞬間も増えてきます。2歳といえば、そろそろどこの幼稚園に入れようかなと考える時期ですし、共働きですでに保育園に預けているご家庭なら、生活リズムが整い、心に少し余裕が生まれてくるころではないでしょうか。

わが家が息子の〝子育てビジョン〟について話し合ったのもちょうどこのころでした。そのときに妻が言ったのが、「この子なりに幸せに生きてくれたらいいなぁ」というものでした。とても漠然としていますが、そのときに「あ、同じことを思ってくれているんだな」と確認し合うことができました。言葉で書くと気恥ずかしいのですが、「この人と一緒になってよかったな」と感じたことを思い出します。

同じことを思ってくれているというのは、「自分たちは、この子に親をさせてもらっている」という感覚です。息子がいるおかげで、妻と私の二人が親でいられるという感覚です。

当時の私はまだうまく言葉にできませんでしたが、今、振り返って思うに「子育てをどうするか」ということよりも、**自分とパートナーがどんな人で、どんな考えを持っていて、どんな親でいられるのかということをわかり合うことのほうが、はるかに大切**だと思うのです。

今、本書を読んでくださっているみなさんには、まだピンとこないかもしれませんが、お子さんが小学校高学年、中学生となっていくにつれて、「ああ、こういうことを言っていたんだな」と実感していただけるときが来ると思います。

話が少しそれました。わが家の子育てビジョン作りのときの話に戻しましょう。

同じことを思ってくれていると感じたあと、私たちは「どんな習い事をさせたらいいか」「小学校受験はさせたい？」「中学受験はどうする？」など、少し具体的な話に踏み込んでいきました。

習い事に関しては、私も妻もスポーツがバリバリできるタイプではなかったので、「健康維持や集中力を鍛えるために、何か武道を習わせたいね」という話に。

また、私も妻もアレルギー体質なので、わが子が血統書付きのアレルギー体質に育つことは確実です。そこで、私自身が喘息を克服するのにも役立った水泳は、できるだけ早く始めさせてあげようということも、すぐに決まりました。

小学校受験に関しては、「うちはないかな」と夫婦ですぐに意見が一致。

中学受験に関しては、「あの子がのびのびと過ごせる学校があれば、そこに入れてあげたい」というのが妻の意見でした。私も賛成です。

また、中学受験であれば、勉強ができればいいだけですし（スポーツや音楽の世界に比べて、人並み以上になるためのハードルははるかに低いものです）、そのやり方は私もわかるので、「じゃあ、わが家は中学受験をさせようね」と、そのときに大まかな進路を決めました。そして「将来的に本人が望めば、海外留学もさせたいね」というところまで話し合うことができました。

こんな感じで、夫婦で〝子育てビジョン〟を確認し合いました。わが家の場合は、かなり早い段階で将来的に中学受験をさせたいという考えが一致しましたが、それは私の仕事が中学受験分野であったということが大きいと思います。ほとんどのご家庭では、この時点でそこまでは決まらないでしょう。それが普通だと思います。

ただ、**なんとなくでもいいから、「私はこんな子になってほしいと思っているの」「あなたはどう思っているの？」と、夫婦それぞれの考えを知ることを大事にしてほしいのです。**

夫婦だからといって同じ価値観を持っているとは限りません。そのことを早い段階から知っておいたほうが、話し合いを重ねられ、〝子育てビジョン〟のすり合わせがやりやすくなるからです。

子育てビジョンのすり合わせは、思ったよりも時間がかかります。エネルギーもかなり必要です。

なぜなら、子育てについて話すということは、自分自身を話すことと重なり合うからです。

そんなつもりはなかったはずなのに、パートナーを自分の考えに従わせたくなったり、考えの違いに気づいてムッとしたり、ショックを受けたり、壁のようなものを感じたりと、自分の内面にさまざまな感情が起きてくるものです。

「それはいいね！」「それはまだわからないな」「それは考えていないな」「もう少し調べてみようよ」「これからゆっくり考えてみようか」、そんなふうに言い合える関係性を築いておければ、決断自体はまだ先送りしてもかまいません。

ただ、**中学受験をする場合、入塾前にある程度の準備をしておくことをおすすめしますので、遅くても3年生までには決めておいたほうがいいでしょう。**

親同盟を深めるために——パートナーが中学受験に反対の場合

中学受験のプロとして、これまで多くのご家庭を見てきましたが、現場感覚としてはやはりお母さんのほうが熱心だなと感じます。最近はお父さんが主導で中学受験を進められているご家庭も増えていますが、全体から見ればまだ少数派です。

中学受験に対する世のお父さんの反応は、だいたい次の3パターンに分かれます。

①中学受験に前向きなお母さんとともに「一緒に頑張ろう！」と積極的なパターン
②中学受験をさせたいお母さんに対して、「そうだね」となんとなく同意し、お金は出すけれど、「君に任せるよ」となるパターン
③「そんなものしなくていい」と頭ごなしに反対するパターン

それがどのくらいの割合かというのは一概には言えないのですが、お父さんだけが熱心で、お母さんは腰が引けているというケースは、この3パターンに比べると、少数派です。

お母さんが落ち着いて考えて、中学受験を選びたいと思うに至ったにもかかわらず、それでもお父さんが中学受験に反対しているという場合、その原因はおおよそ次の3つに分かれます。

①今現在の子どもたちが置かれている現状を知らない
②受験に対してマイナスのイメージを持っている
③（大学、高校）受験に対して自分自身の成功体験がある

①のお父さんは、自分自身が子どもだった時代の公立小学校や公立中学、地域のつながりのイメージを引きずっている場合が多いようです。小学校を卒業したら、地元の中学に通うのは当たり前と、今の時代の教育環境が自分の子ども時代と同じだと思っているのですね。今の子どもたちは、公園にゲームを持ち寄って遊んでいるらしいということは知っていても、そもそも小学校4年生以上の子が公園にはほとんど姿を見せなくなっているということを知らない。

子育てに熱心な方には「今どきそんな人います？」と反応されそうですが、実はこういうお父さんは結構いらっしゃるのです。現状を知らないから、わざわざお金をかけて受験をするという発想自体がわかないようです。

②のお父さんは、ご自身または身近な方が、受験で傷つく経験をしたという場合が多いようです。親に勉強を強要されて苦しかった、テストのたびに家の中がピリピリして親子ともに疲れてしまった、兄弟で比較され続けて心にダメージを負った、友達と遊ぶことを制限されて寂しかった……など。

特に自分は中学受験で苦しい思いをしたのに、大学まできたら中学受験をしなかった同級生が普通に同じ大学に進学していてショックを受けたという経験のある方は、自分の子どもには同じ思いを絶対に味わわせたくないと思うそうです。

逆に③のお父さんは、「受験」に対して成功体験をお持ちの方です。

わかりやすい例としては、地方の名門校、県立のトップ校出身の方で東京の有名大学に進学したケースが挙げられます。決まり文句は、「中学受験なんてしなくていい。現に俺は公立でちゃんとやってこられた」です。将来的に難関大学を目指すにしても、高校からでも十分に間に合う。「自分はそれで合格できたのだから」と、その方法が正しいと思い込んでいます。

このタイプの方は、自分「は」できたという思いが強いので、わが子「も」同じようにできる「はず」という思い込みが非常に強い傾向があります。「はず」なので、わが子が自分の思っていたようには学力が伸びなかったときに、お母さんや学校にその責任を押しつける方も少なからずいらっしゃる点が、悩ましいところです。

わが子の日常を肌で感じながら見つめているお母さんは「その成功体験は、あなたが中学生のとき、高校生のときのことだよね？　この子はまだ小学生だよ……同じことを求められてもできるはずないじゃない」と気づいているのですが、なかなか話が噛み合わないというお悩みをよく聞きます。

いずれにしろ、この3つのタイプのお父さんたちに共通していることがあります。それは、**判断が自分基準でスタートしている**ことです。「あの子の場合はこうだよね」「この子なら、こっちのほうが向いているだろうね」と、わが子の今日の姿を見つめた上での相談や判断になっていないのです。

お父さん自身の価値観がフィルターになってしまって、わが子のありのままの今と、お母さんの思いとを、うまくキャッチできなくなっている状態です。

そこで私は、お父さんに受験を反対されて困っているという相談を受けたとき、そのお母さんにこんなアドバイスをしています。

まずは、中学受験を「する」「しない」という話題はちょっと横に置きましょう。そして、「うちの子ってこうだよね」という会話を夫婦で増やしてみましょう。

遠回りのように感じるかもしれませんが、中学受験をするかどうかというのは、手段でしかありません。あくまでも、お子さんの人生における選択肢の一つです。

「そういえば、この間、あの子がこんなことを言っていたよ」「学校の先生が、あの子のことをこんなふうにほめていたよ」など普段のお子さんの様子を伝えたり、「あの子は理科が得意だから、もっと伸ばしてあげたいよね」「実験教室とか好きそうかもね」など、お子さん自身の姿を元に、どんな環境がいいのか、夫婦で話し合ってみましょう。

お父さんが学校事情に詳しくないのであれば、「私立中学や公立中高一貫校によっては、理科の実験室が5つも6つもあって、レベルの高い研究ができたりするらしいよ」など、今どきの中学校トピックを話題にするのもいいでしょう。

「それって、公立中学だとどうなの？」と、お子さんにとっての実際の教育環境を具体的に考え始めてくれるきっかけになるでしょう。

別に、中学受験をすることが正義ではありませんから、受験に反対の家族を説得しようとするのは得策ではありません。あくまでもお子さん本人の得意を伸ばしてあげるには、将来幸せな人生を送る土台を築かせてあげるには、「どんな環境を渡してあげたらいいのだろうね？」というスタンスで話を重ねていきましょう。

そうすれば、あなたがなぜ中学受験を意識しているかも理解してもらえるでしょうし、少なくとも頭ごなしに「とにかく反対」ということはなくなってくると思います。

「中学受験は選択肢の一つ」と胸に置きながら、まずは「うちの子ってこうだよね」の会話を増やしてみてください。

と、このようなアドバイスをします。

くれぐれもわかっていただきたいのは、**お母さんがお子さんを見ているのと同じくらいの熱量と細やかな目で、お父さんがわが子を見ているとは限らない**ということです。

お母さんからすれば「わが子のことなんだから、それくらいわかっているでしょ?」と思っていることも、お父さんは案外知りません。誤解しないでほしいのですが、お父さんたちだってもちろんお子さんのことが大切です。おおいに関心はあるのです。

ただ、ちゃんと「見えている」つもりでいてもなかなか「感じきれていない」のです。

私もつくづく実感することですし、別に自分が男親代表というつもりはないのですが、お母さんたちのように自分の細胞の一つのようにわが子を感じるというのは、男親にはなかなか難しいのです。

ですから、「なんでわからないの?」と感じたときには、責めるのではなく、あきらめるのでもなく、**まずはお子さんについてお母さんがわかっている情報をパートナーであるお父さんにできるだけたくさん教えてあげてください。**

その情報を共有した上で、「わが家はどうするか?」を夫婦で、家族で一緒に考えていってもらいたいと思います。

親同盟を深めるために——パートナーが中学受験に前のめりすぎる場合

ここまでお父さんが中学受験に反対の場合の話をしてきましたが、ご家庭によっては逆のケースもあります。お父さんが中学受験に対して前のめりになっている一方で、お母さんが「中学受験はあの子には、ちょっと……」と引き気味という場合です。

お父さんは中学受験をしたけれど、お母さんは地方出身で受験事情がわからないことが理由の場合もありますが、たいていは、お母さんも中学受験についてある程度理解した上で、「ちょっと……」となっています。

前者のケースでしたら、正しい情報を持っていただいた上で、ご夫婦で話し合ってもらえればご家庭なりに納得のいく答えが出るのですが、問題は後者です。

お母さんは、日々の肌感覚でお子さんのことをわかっていますから、「この子には大変なんじゃないか」という直感は、かなり正しいのです。また、「私に受験生の母が務まるのだろうか?」という不安や予感も、だいたい当たっています。ですから、お母さんのその感覚を大切にしながら、ご夫婦で話し合っていただくのがベストです。

ところが、得てして中学受験に前のめりのお父さんは、「必要性」で語ってしまうことがあります。

「今の時代、中学受験をしないわけにはいかないだろう」

「あの子には無理って、そんなのは甘えだよ。ほかの子はやっているのに、うちの子だけできないでは済まないでしょ」

「とにかく中学受験はさせるから、伸ばしてくれる塾を僕が見つけてくるよ」

「週末は俺が算数と理科を教えるから、とにかく頑張ろうよ。やるしかないんだから」

私の実感として、**わが子をありのままに見ず、時代の必要性として中学受験をとらえ**

てしまっているお父さんは、年々増えている気がします。

大学時代も有名私立中高一貫校出身者がたくさんいて、社会に出てからも同僚や先輩、後輩の出身校を日常的に意識する機会が多いということも影響しているようです。楽しかった学校生活の話を聞いて魅力を感じ、「わが子もそうした学校に入れてやりたい」と思うお父さんの親心は、決して責められるものではありません。

しかし、**中学受験とは理屈で進むものではない**のです。

多くの人は、「何を覚えればいい？」「何を解けばいい？」「いつまでに何を終わらせればいい？」と、「タスク」の視点で中学受験をとらえがちですが、中学受験の本質はそこではありません。

見守り支える親の毎日の感情と、日々成長する子ども自身の肌感覚とがせめぎあい、織りなす中で、**子ども自身が行動を積み重ねていく日常そのものに本質があります。**

ですから、多くのご家庭で子どもにとっての「日常」が母親によって作られている事実を踏まえれば、**お母さんの感覚・感情を大切にしない中学受験は決してうまくいきません。**

まず、お母さん自身が、自分の感覚・感情を大切にしてください。そして、夫婦で具体的に話し合うようにしましょう。自分自身の正直な気持ちを伝えながら、一方でお父さんがなぜ受験をさせたいのかという思いも丁寧に聞いてあげてください。

やるのはお子さん本人ですから、最後は**「この子にとって意味のある時間にしていけるだろうか？」という視点で話し合う**ようにしてみてください。

子どもが中学受験をやりたがらない

中学受験は夫婦の意見が一致しても、それに挑戦する子ども本人にその気がなければうまくはいきません。

中にはまだ小学生なんだからといって、本人の気持ちも聞かずに「中学受験をしようね」と強行に進める親御さんもいますが、それは絶対にやめてほしい関わり方です。

お子さんが何歳であろうと、人の本質は同じです。自分が納得しているからこそ、「自分ごと」として頑張れるのです。お子さん自身の気持ちを汲み取れるよう、一歩待つ心を大切にしてほしいと思います。

まずは「中学受験って知っている？」と、子どもに尋ねるところから始めてみてはいかがでしょう。小学1、2年生でも友達の兄弟が受験をしていると、「中学受験」という言葉は耳にしているかもしれません。

でも、それがどんなものかはよくわかっていないと思いますので、「小学校のあとは中学校に入るけれど、中学校にはいろいろな学校があるよ。何もしないと、家の近くにある○○中学校に行くことになるけれど、勉強をしてテストを受けると、ほかの学校も選べるよ」と、ざっくりと「中学受験とはどういうものか」を教えてあげてください。

こうした会話から、中学受験をするにはそれ専用の勉強が必要になること、塾で勉強するのが一般的であること、私立中高一貫校は、勉強やスポーツを頑張る子が集まるから自分に合った学校に入ると楽しいということなどが、子どもにも伝わります。お子さんから質問を受けたら、それに丁寧に答えてあげましょう。

この際に気をつけていただきたいのが、**親の自分が気持ちを整えておく**ことです。焦りやいらだち、不安を持った状態では、子どもの心を汲み取る前に、どうしても押しつけのモードに入ってしまいます。

特にお母さんたちは（今はずいぶん男性の家庭参加が進みましたが、それでも現実としては）、家事に育児に仕事にと、朝から晩までマルチタスクで頑張っています。仕事のスケジュール確認をしているときにも、頭の一部分では「あの子の予防接種っていつまでだったっけ？」と考えるなど、段取りがものをいう毎日を過ごしています。

すると、家の中でちょっと予定と違うことが起きたり、子どもが自分の予想と違う反応を見せたりすると、ものすごいストレスを感じるものなのです。そのストレスを感じたときに、自分の心の中に、わが子とほかの子との比較による焦りだったり、親御さん自身の学歴コンプレックスであったり、つかみどころのない不安があったりすると、子どもに強要する伝え方が出てしまうのです。

こうした心のメカニズムを少し意識して、自分の気持ちを整えておけば、「中学受験という選択肢もあるんだよね」というスタンスで話しやすくなります。

そのように話しかけてみて、もし、お子さんが嫌がった場合は、わが子のことをもっと知るチャンスです。

心を落ち着けて穏やかな表情で「どういうところが嫌なのかな？」と、子どもの気持ちを聞いてみます。「ほかにやりたいことがある」「なんとなく不安」「ほかの子が嫌がっているのを聞いた」「お母さんが怖くなりそう……」など子どもなりの考えや理由があると思いますので、まずはその気持ちを汲み取ってあげましょう。

コツは、その場で説得しようとしないことです。

「あ、そうなんだ。中学受験は嫌だなって感じなのね」と、その場は子どもの気持ちを受け止めるだけにしておきます。「あなたの気持ちをちゃんと聞くつもりだから、安心していいよ」と、尊重する姿勢を示しましょう。

その際、「お母さんたちが考えていることも知ってほしいから、○日の○時に話を聞いてもらってもいい？」と、場を改めるようにします。そして、親として自分たちがなぜ中学受験を考えているのか、お子さんにわかるように話しましょう。

親の考えに従わせようとするのではなく、**わが子なりに自分で判断できるよう、材料を丁寧に渡そうとするスタンス**です。

「学校を選べるというのが、中学受験のいいところだね」
「あなたの好きなことが伸ばせる学校も、きっと見つかると思うよ」

「お父さんは○○中学・高校の出身なんだよ。あなたがもし同じ学校に行ってくれたら、嬉しいなって思っているみたい」

「お母さんは前から○○中学が好きな学校だから、もしあなたが通ってくれたらいいなぁ、っていうのは、思っているよ」

「勉強を頑張ってきて物知りな子が多いから、きっと話が合う子も見つけやすいよ」

「パズルとか好きだからきっと算数も得意になるだろうし、あなたは中学受験に向いていると思うけどなぁ」

「やっぱり勉強ができたほうが、大人になっていくときにいろいろと有利だし楽しいから、中学受験で頑張ってみてほしいな」

といったことでいいのです。自分のことを一番知ってくれているお父さん、お母さんが、思っていることを素直に話してくれれば、子どもはちゃんと耳を傾けてくれます。

夫婦で確認　現実的なお金と時間の問題

夫婦で話し合いを重ねた結果、気持ちは「中学受験をする」方向へ向かっている。でも、いざ始める前に一つ確認しておかなければならない大事なことがあります。それは、現実的なお金と時間についてです。

中学受験をするなら、塾通いは必須です。なぜなら、中学受験で求められる学習内容は、**小学校で習う内容よりもはるかに難しく、特殊な解法を学ぶ必要がある**からです。

また、各学校の入試問題の傾向や最新の情報などは、やはり塾に通っていたほうが得られやすいですね。スポーツと両立させたいから学習メニューの融通が利く個人塾が適しているという場合もありますが、一般論としては、中学受験に特化した大手進学塾（首都圏ではSAPIX、日能研、四谷大塚、早稲田アカデミーなど。関西圏では浜学園、馬渕教室など）が有利です。

大手進学塾の受験カリキュラムは、小学3年生の2月から4年生コースがスタートし、そこから3年間かけて受験の準備を進めていきます。

その間の塾代は、難関校に強いと言われるSAPIXを例に挙げると、4年生で年間約50万円、5年生で年間約80万円、6年生で年間約130万円、それに受験費がかかってきます。受験費は、1校2万円×受験する学校の数が目安です。このほかに、併願校の先払い入学金、進学先の入学金と初年度納付金もありますので、入試の段階で約100万円の現金が必要になります。

ただし、この金額は、4年生から入試本番まで大手進学塾の勉強だけで受験勉強を進められた場合の金額です。もし途中でうまくいかず、学習フォローとして個別指導塾や家庭教師を併用することになると、その金額はさらに大きなものとなります。俗に「中学受験をすると、そこそこいい車が1台買える」と言われますが、決して大げさではないのです。

ですから、中学受験をするとなるとおおよそどれくらいお金がかかるものなのか、家族で把握することは、避けて通れません。

その際、二段階の数字を夫婦で確認しましょう。

まず、**1ヶ月にいくらまで出すことが可能か。**毎月無理なく出せる金額を確認します。

次に、家族のライフプランにおいて、**教育予算としてどこまで出すことが可能か**を見ていきます。

中学受験を無事に終え、お子さんが私立中高一貫校へ進学し、その先の大学受験や大学進学、また自分たちの老後資金も考えたときに、これ以上使ってしまうとライフプランとして問題が生じてしまう、という金額を出しておきます。おじいちゃんやおばあちゃんに助けてもらうといった選択肢も含めて、だいたいでいいですから、これ以上は使えないという金額を把握しておくのです。

この手の話は、夫婦でもなかなかしづらいものですが、話題に出すということが大切です。ここを曖昧にしたまま中学受験を進めてしまうと、中学入学以降に大変な思いをすることになりかねません。

中学受験を選んだとき、子どもの勉強計画は小学校のカリキュラムより前倒しになりますね。それと同様に、親のマネー計画も前倒しになるのだということを頭に入れておきましょう。

もう一つ確認しておきたいのが、夫婦の時間の使い方についてです。中学受験は子どもがまだ小学生で幼いため、親のサポートが必要です。

この親のサポートの中身については、あとの章でも詳しく説明をしていきますが、「塾に入れさえすればなんとかなる」というわけではありません。

ざっと項目を挙げてみると、こんな感じです。

- 塾予定と学校予定をすり合わせ、確認する
- 毎週の宿題量を確認して、曜日ごとに取り組む内容と量を割り振る
- 子どもに宿題を促し、進み具合をチェックする
- テスト準備の勉強を手伝う
- テストの出来具合をチェックして、直しの勉強を手伝う
- 子どもの気分をフォローする
- 必要に応じて塾の先生に相談する。時間を見計らって、アポイント電話を入れる
- 苦手科目や単元の勉強を計画する、手伝う
- 志望校を決めるために、何度も家族で話し合う
- 志望校や併願予定校の見学に足を運ぶ

- 学校説明会に何校も足を運ぶ
- 学期ごとに開かれる塾の説明会に参加する
- プリントの整理
- 子どもに役立ちそうな本を探す、買う

何から何まで親がつきっきりで勉強のサポートをする必要はありませんが、それなりに時間を取られることは知っておいたほうがいいと思います。

特に共働きのご家庭は、**自分たちがどれだけの時間を使えるかを確認しておいたほうがいい**でしょう。中学受験の準備期間にあたる4~6年の3年間、お父さんとお母さんのそれぞれの時間を確認し、ときには働き方の調整も検討することになります。

例えば、自分の仕事のコアタイムをある程度自由に設定できる場合は、親の学習フォローが必要な塾に通わせることもできますが、ちょうど受験準備をする3年の間に大きな仕事のプロジェクトリーダーを任されていて、とてもじゃないが自分にはできないという場合もあります。

そのようなときは、親の負担が少ない塾を選択するか、多少お金がかかっても仕方がないと割り切って、大手進学塾と併用して個別指導塾や家庭教師をつけるかなど、現実的なことを話し合っておく必要があります。

このように書くのは簡単ですが、お金の話と同様にこうしたドライな話は、夫婦でもしづらいですよね。話題に出すことで、お互いへの思わぬ不満が顔をのぞかせることもあります。なんとなく「お金の話と時間の話は避けたいな」という気持ちになるのが、普通の感覚です。

でも、そこを避けて通ってしまうと、いざ受験勉強が始まったときに「なんで私ばかりがやらなければいけないのよ！」「私だって働いているんだからね！」「俺だって、気を遣って早く帰ってきているんだぞ！」と夫婦のバトルが起きかねません。

私の持論ですが、**中学受験は「ゆるやかに無理をさせる」ことで、親子がともに成長できる時間となります。**

5歳ぐらいのまだ幼いときから、学力の土台作りと習慣づけを始めることで時間を稼ぎ、「無理」のピークを下げていくという知恵です。

この知恵は、夫婦の会話にも当てはまります。間際に迫った問題は、無理をしてでも解決しなければならない。そのためにぶつかりも激しくなってしまう。でも、まだ時間があるときに話し始めておけば、意見が違っていてもお互いにすり合わせる余裕が残っています。打てる手もあれこれと考えやすくなります。

中学受験は、家族で乗り越えていくものです。夫婦で、また親子でじっくりと話し合いながら、同盟を結ぶようにして受験と向き合っていくことをおすすめします。

中学受験は親が頑張る受験ではない

中学受験は、親のサポートがなければ成り立たない受験だと言われています。なぜなら、小学生はまだ精神的に幼いため、子どもだけで受験勉強を進めていくのは難しいからです。

そのため、書店の教育コーナーには「中学受験は親の関わりが大事」といったニュアンスのタイトルがたくさん並んでいます。私自身も中学受験に関する多くの著書を出していますが、「中学受験は親のサポートが必要である」と伝えてきました。

ところが、いつしか「中学受験は親の受験」「中学受験は親がすべて」といった言葉だけが一人歩きをしてしまい、「中学受験は親である私が頑張らなければならない」と間違った解釈をしてしまっている親御さん（特にお母さん）が増えてしまったようです。

そして今、私のところにご相談にいらっしゃる多くの親御さんはこう尋ねます。

「わが子を難関中学に入れたいのですが、低学年のうちからやっておくべきことはありますか？　それは何ですか？」

「あの子の成績が上がらないのは、私が仕事をしていて、勉強を見てあげられないからだと思います。やはり、6年生のラスト1年は仕事をセーブすべきでしょうか？」

「私が地方出身で、夫婦ともに中学受験の経験がないから、あの子を伸ばしてあげられないのだと思います。なんとかしてあげないと……」

「成績が伸びないのは自分のせい」「私が頑張らなければならない」と思い込んでいるお母さんが、とても多いのです。

中学受験は、親が頑張る受験ではありません。

私がこれまで「中学受験は親のサポートが必要」とお伝えしてきたのは、ある程度成長した中学生や高校生が挑む高校受験や大学受験と比べて、小学生が挑む中学受験は質的に違うということです。

現在成長中の小学生の子どもが日々勉強に向かうには、大人のサポートがないと難しいので、「子どもにとって一番の理解者であり、いつもそばにいる親御さんが関わるほうがスムーズにいきますよ」という話であり、**「親の能力の良し悪しが子どもの結果に関わる」という考えは、大きな誤解**です。

塾からもらうプリントやテストのファイリング、学習のスケジュール管理、塾の先生との交渉など、子どもだけではできないことは親がフォローする必要があります。でも、早いうちから少しずつ準備をしておけば、子ども自身でできるようになるものもたくさんあります。

例えば、プリントやテストの整理。毎日きれいにファイリングするなんてことは、子どもには負担ですし、そもそも学習効果の面でもあまり意味はありません。

科目別にトレイやファイルボックスを準備して、塾から帰ってきたらいったんそこに放り込む。そして塾のない日に時間帯を決めて、「今週中にやるもの」「次のテストまでにやるもの」「必要になったら、使えるようにファイルに入れておくもの」と仕分けだけは本人にさせる。ファイル整理は、親がやってあげる。

といった**ルールを具体的に決めて、最初の2~3週間ほど声をかける**ようにしていけば、小4の子でもプリント整理はできるようになります。

誰でも自分から勉強できる子になれる

「夕食前に算数の宿題を終わらせる」と約束していたのに、なかなか勉強を始めないわが子にイラッ。「なぜ約束を守らないの?」と怒りたくなりますよね。もっとしんどいのは、仕事から帰ってきたときに、まだ宿題に手をつけてもいなかった……。がっかりしますね。

そんなときに、子どもから返ってくる言葉は決まって「今やろうと思っていたのに」。

大人からすれば、そんなのは言い訳にすぎないと思ってしまいがちですが、実は子どもは本気でそう思っていることが多いのです。

大人と違って子どもは、自分を観察する力がまだ育っていません。そのため、自分なら何にどのくらい時間がかかるかというイメージがつかめないのです。

宿題はやらなければならないことはわかっているし、やるつもりでいる。でも、それを、いつ始めないと終わらないかまで逆算して考えることができません。

親御さんからすると、「やる気がない」とか「ボイコットしている」ように見えるかもしれませんが、単にやり方がわからなくて、進められずにいるのです。

これを防いで、**子どもの「やろうと思っていた」を応援してあげる方法が、〝朝ごはんミーティング＋予定の声かけ〟**です。

まず前提として、子どもを健やかに育んでいくためにおすすめしたいのが、1日の中で少なくとも一度は親子で食卓を囲むということです。同じ時間に、同じ場所で、一緒に食事を楽しむ。栄養摂取の詰め込みではなく、ちょっと心を落ち着けて食事をする。これがあるかないかで、親子の心の交流度合いはずいぶん変わってきます。

特に朝ごはんは、家族で足並みそろえて一緒に過ごしてほしいのです。1日の始まりに家族がそろうということは、お互いの今日1日を感じ取り合えるからです。できれば30分、それが難しければせめて20分でもいいので、朝ごはんタイムを確保してください。

そして、食事をしながら**「今日は学校から帰ってきてから、何をする予定なの？」と、自然な口調で子どもに問いかけます。**

目的は、子ども自身に、「今日は何をしようかな？　何をしなきゃいけないんだっけ？」と考える機会を渡してあげることです。親が期待している「正解」を言わせるのではないことに、注意してください。

子どもなりに「ちょっとゲームしたい」「あの番組は絶対に見る」「学校の宿題はしなきゃ」などと項目が出てくるので、そこで漏れがあるようなら思い出させてあげます。「明後日テストがあるから、見直しはちょっとやっておいたほうがいいんじゃない？」「先週、塾の算数の宿題で苦労したから火曜日もやるって言ってなかったっけ？」と、思い出させてあげるトーンで。朝ごはんを食べながらの気楽な会話なので、お互いにメニューも言いやすいものです。

ある程度項目が出たら、「何時からやるとよさそう？」と聞いてあげます。ゲームやテレビなど遊びの予定もありますから、ちゃんと遊べるように勉強メニューの時間も考えさせてあげるのが親の愛情ですね。

コツは、笑顔でリラックスした声で聞くことです。

ここを「あんた本当にやるんでしょうね？」と威圧感ばりばりで聞いてしまったら、アウト！　子ども自身の意思と行動を引き出す目論見が崩れてしまいます。

笑顔で聞いてあげれば、子どもなりに「4時から始めて、5時から6時半まではゲームとテレビで、ごはんのあとで8時から残りをやる！」などと予定を教えてくれます。

ここまでが〝朝ごはんミーティング〟です。ね、朝ごはんは30分取りたいでしょ？

私がミーティングという呼び方をするのは、親があれしなさい、これしなさいと指示をするのではなくて、**問いかけることでお子さん自身の考えを「聞こうとする」時間**だからです。

さて、朝ごはんミーティングでお子さんの予定が決まったら、次は〝予定の声かけ〟

で応援をしていきます。

「5時から算数の宿題をする」と自分で言ったとして、お子さんは5時からやるでしょうか？　できる子は素晴らしい子です。予定通りに開始できるだけで、まずほめてあげてください。

しかし、**多くの子は自分の予定を忘れます。**「やりたくない」のではありません、「忘れている」だけです。だから親としては、思い出すきっかけを渡してあげればいいのです。思い出したら、親が思うよりもあっさりとやるものです。

5時から算数の宿題を予定通りやらせてあげるなら、お子さんにも気持ちの準備と勉強で使うものの準備も必要ですから、30分か20分前には声かけしてあげたいですね。「そういえば、このあと5時からは算数の宿題だったっけ？」と。

これがすでに5時30分だったら、「なんでやってないの！」と叱ってしまうところですが、なんといってもまだ予定開始の前ですから、お子さんも余裕があります。「あっ、そうだ！　5時から始めるんだった」と思い出して、「うん、やるよ！」と返事をしてくれます。

この、**子どもの顔をつぶさずに予定を促してあげるのが〝予定の声かけ〟**です。

ここまでお読みになって、「え、4時半って……仕事の最中なんですが……」と困ってしまった方へ。大丈夫です。予定を思い出させてあげるだけの関わりですから、なにも家に一緒にいて直接顔を合わせて伝える、なんてことは必要ありません。

例えば、電話でも、LINEでも、子ども携帯のSMSでも、方法はいろいろあります。所要時間もせいぜい3分、慣れてきたら1分で済む話ですから、トイレに立つついでに行えます。

遊び心を発揮して、「おやつは冷蔵庫にプリンを入れておいたからね」とメッセージを送って、プリンの蓋に付箋で「5時から算数」と書かれているのを見つけさせる、というのも楽しいですね。

もちろん、本人が自分で気づくことができれば一番いいのですが、大人でも時計を見て「やばっ! もうこんな時間だ!」なんてことは、ざらにあります。小学生ならできないのが普通なのですから、あとで叱るよりも、〝朝ごはんミーティング+予定の声かけ〟で実行させてあげるほうが、精神衛生上もいいですね。

そして、**きちんとできたら、たとえそれが約束ごとだったとしても「きちっと5時か**

ら始められてえらいね」とほめてあげましょう。それを繰り返していくうちに、少しずつ自分から勉強を始められるようになります。

中学受験を進めるにあたっての**親の一番の役割は、「わが子を理解すること」**です。

そして、**判断を手伝ってあげること、結果の責任を背負ってあげること**です。うまくいったときには子どもの努力をほめる、そしてうまくいかなかったときに子どもが背負いきれないようなら、責任と痛みを自分が背負ってあげる。それが親の役割です。

ですから、あれをしてあげなきゃ、これもしてあげなきゃと**お母さんが頑張ることは、それほど大切ではない**のです。

「よそはよそ」「うちはうち」とわが家軸を持とう!

インターネットの普及で、今の時代はよくも悪くも子育て情報があふれています。よその誰かのキラキラの子育てを真似してみたけれど、うまくいかない。じゃあ、今度はあの人の子育てを参考にしてみたらどうだろう? そうやって、いつしか目の前にいるわが子を置き去りにして、情報に振り回されてしまう……。

少子化で子どもを育てる数が一人、二人になっている今、一度しかない子育てを失敗したくないと、子育てを頑張りすぎてしまうお母さんが少なくありません。

でも、お子さんはお母さんに頑張ってほしいと、思っているのでしょうか? 私はこれまでたくさんの小学生を見てきましたが、「お母さんには、自分のためにもっと頑張ってほしい」なんて言う小学生には、一人も出会ったことがありません。

あなたが子どものときはどうでしたか? 親に「私の親なんだから、もっと頑張ってよ! もっとやってよ!」などと、思っていましたか?

お母さんが頑張らなければと思い込んでいるだけだと、私は思うのです。

これまでご相談を受けてきたお母さんたちを思い出しても、**全部やろうとする状態から抜け出せた人から、うまくいっています。**子どもと親のチームでできることはどこまでかを見つめて、できることを精一杯やろうと、いい意味で割り切れたお母さんがうまくいきます。

何よりも、子どもはお母さんのことが大好きです。お母さんがいつも笑顔でいてくれれば、それが一番嬉しい。

ですから、まずは目の前にいるお子さんを見てあげましょう。

お子さんは、どんな遊びが好きですか？

何をやっているときに、夢中になっていますか？

何をするときに、イキイキとした表情を見せますか？

何をするときに、不安そうな表情を見せますか？

そうやって目の前にいるお子さんをよく観察し、「あの子は〇〇をしているときに、本当に楽しそうな顔をしているね」「あの子のこういうところが素敵だなと思うのだけれど、そこをもっと伸ばしてあげたいな」といった夫婦の会話を重ねていく。そうやってわが子をより一層知ることで、冷静な判断ができるようになります。

塾選びも、学校選びも、得意科目と不得意科目の勉強時間バランスをどうするのかといったことも、**すべてはお子さん自身が教えてくれます。** 中学受験をやめようかどうしようかと考えるときがきても、わが子を理解しているから、最後は決断できます。

周りの情報に振り回されることなく、「よそはよそ、うちはうち。だって、あの子の素敵なところを一番知っているのは私たちだから」と**〝わが家軸〟を持って子育てするようにしていくことができれば、中学受験とのつきあい方も見失わずにすみます。**

もちろん、はじめからうまくいくご家庭は少ないでしょう。だって、親も初めてのことなのですから。

私と妻も、何度も意見の食い違いに気づいたり、冷戦状態になったりしながら、息子の中学受験を終えて、今ようやく「うちの子育てはこういうことなんだな」ということをつかんだ気がします。そして、今も何が正解かはわからないけれど、「うちはこうやっていこうね」と前に進んでいます。

本書は「中学受験」という大きな選択を題材に、親と子の関わり方、夫婦の間での理解の深め方、親としてのご自身の不安や葛藤との向き合い方をお話ししていきます。

あなたがこの本を読み終えたときに、ご家族との絆が深まり、ご自身の感情や判断を「大丈夫だ」と思ってもらえるように、次の章へと話を進めていきましょう。

第2章

中学受験、わが家の選択

公立中学に対する漠然とした不安

妻：「うちの小学校は、クラスの半分が中学受験をするらしいよ」
夫：「ふーん、でもうちは公立でいいんじゃない？」
妻：「アキラくんも、ツバサくんも4年生になったら塾に行くんだって。仲のいい友達がみんな塾に行くから、あの子も行きたがっているのよ」
夫：「でも、○○中の子を朝よく見かけるけど、別に悪そうな子はいないよ。逆に中学受験をする子のほうが、夜遅くまで塾で勉強してかわいそうだよ」
妻：「うーん、でも……」

子どもが小学2、3年生になると、どこからともなく中学受験の話が舞い込んできます。仲のいい友達が塾に行くようになったり、6年生のクラスの半分が中学受験をすると聞いたりすると、それまで中学受験のことなど考えたことがなかったお母さんも、「うちもさせるべき？」と心が揺れ始めます。

「みんながするからうちもする？」となんとなく流されて、中学受験を始めるご家庭も少なくありません。特に首都圏の一部の地域ではこういう傾向が見られます。現に少子化にもかかわらず、東京都では中学受験者数が増えているというデータもあります。

では、なぜ今、特に首都圏では中学受験をするご家庭が増えているのでしょうか？その大きな要因の一つが、公立中学に対する漠然とした不安です。

「○○中学はいじめがあって、不登校の子も多いらしい」
「高校受験は内申点が重要だから、成績がよくても先生に嫌われるタイプの子は不利になるらしい」
「公立中学は部活に全員入らないといけないから、勉強が疎かになりそう」

こうした噂を耳にし、公立中学に不信感や不安を抱く親御さんは少なくありません。自分自身が公立中学で嫌な思いをしたという親御さんはなおさらです。特に専業主婦のお母さんは、ママ友のネットワークがあちこちにあり、こういう話に敏感です。

一方、フルタイムでお仕事をされているお母さんは、仕事と子育ての両立で毎日が時間と体力の綱渡り状態。保育園時代のママ友はいるけれど、子どもが小学生になってからは、送り迎えのときにおしゃべりをするという機会もなくなります。そのため、自然とこうした地域情報が入りにくくなっていきます。でも、仕事をしているために先を見通す習慣はついているので、わが子の進路については気にかけています。

ところが、私立中高一貫校なら各学校にホームページがあり、学校の理念や授業カリキュラムについて詳しく紹介されていますが、**地元の公立中学の情報は、インターネットで調べても限られた内容しか出てきません。**同じマンションに地元の中学へ通っている子はいるけれど、特に知り合いというわけでもないから、学校の様子も聞きにくい……。情報がないわけではないけれど、どこか実態がわからないという不安が残ります。

公立？　私立？　わが子の進路をどう考える？

高校受験を回避したがる親御さんが理由の一つに必ず挙げるのが、内申書です。内申書とは、生徒一人ひとりの成績や学校生活について、先生がある評価基準に基づいて評価するもので、高校受験では合否判定の資料の一つとして使われます。

内申書に記載される成績は主要5教科だけではなく、体育、音楽、美術、家庭科の4教科も含まれ、9教科が対象になります。そのため、5教科はオール5でも、家庭科で3を取ってしまったばかりに、志望校へ行けなくなってしまうなんてこともあります。

中学校の成績は、中間テストや期末テストの結果だけではなく、提出物や授業態度、勉強に対する意欲や関心などが総合的に評価されるため、たとえテストの点がよくても、授業中の態度が悪いとよい評価をもらえません。そのため、やんちゃなタイプの男の子やクラスで目立たないタイプの子は、高校受験は不利になると思われています。

昔の内申点は、クラス上位の7パーセントが「5」、24パーセントが「4」とクラス内の分布で評点が決まる「相対評価」方式でした。この人数分布で分ける方式では、個人の努力が公平に評価されないケースが避けられないため、今は到達点に応じて評点が決まる「絶対評価」方式に変更されています。

しかし、評価基準はあるといっても、意欲や関心といったものは先生による主観的なジャッジでしかないため、先生に気に入られている子はいいけれど、目をつけられてしまうような子は厳しく評価されてしまうという問題点は、かえって悪化しています。

こうした不透明さが不安要素となり、高校受験を避けるために中学受験を選択するご家庭は一定数います。中学受験であれば、頑張って勉強をして、入試で結果が出せれば合格できるけれど、高校受験の場合は入試だけではなく、中学校生活全般の評価も含まれる。しかも、そこには親にはうかがいしれない部分もある。

また、学校の成績によって比較的早い段階で（内申書の対象となる時期は都道府県によって異なります。例えば東京都なら中3の12月時点の成績ですから、3学期制なら2学期まで、2学期制なら前期が対象。神奈川県なら中2の3学期時点と中3の2学期時点成績が対象）、第一志望の公立高校にしろ、滑り止めの私立高校にしろ、ある程度の受験校が決められてしまいます。

そのため、入試直前期にやる気がアップして学力がグンと伸びても、大逆転になりにくい構造になっているというのも、子どもなりの成長を大切にしたいご家庭にとってはストレスを感じる点です。

ただ、だから中学受験をしたほうがいいと言っているのではありません。**中学受験は必然的に子どもにも親にも非常に負担がかかります。**子どもの成長段階としては無理がある面も含んでいます。どう考えるかは、人それぞれです。

例えば、真面目にコツコツと頑張れる子だけれど、本番にちょっと弱いタイプの子は、この内申書に救われることもあります。

教科に対する意欲や関心といった部分の評価は不透明なところがありますが、提出物の期限を守る、授業に集中するといったことは、社会に出てからを考えても身につけておきたい姿勢であり、習慣です（残念ながら、集中に値しない授業を行う教師もいます。ただそれは、公立か私立かという問題よりもより個別的な問題です）。

また、勉強以外の部活や行事などの活躍も評価対象に入れることは、一人の子どもを多様な面から評価してあげられるという利点があります。ですから、一概に内申書が加味されることがマイナス要素とは言えないのです。

公立中学の特徴として、多くの学校では部活に入ることが当然とされています。中学校生活は3年間しかないのに、しかも高校受験を控えているのに、3年生の夏まで部活が引退できないという状況は、子どもにとってはもちろん負担です。

実際、ある程度の実力を持つ運動部や吹奏楽部などでは、顧問が熱心で週1回しか休みがなく、勉強をする時間がないという声も聞きます。先生たちにとっても大変ですから、働き方改革で部活のありかたも変化していくのでしょうが、まだ先の話です。

一方で、忙しい中でも、自分でしっかり予定を立てて勉強を進め、公立トップ校に合格する子もいます。集団行動を身につけ、仲間と力を合わせて目標を叶えていく経験は社会に出てから大きな財産となります。

この本をお読みの方の中にも、学生時代の思い出といえば部活の思い出だという方は、多いのではないでしょうか。忙しいことをマイナスにとらえるか、忙しいから自分で知恵を絞るか、やはりこれも人それぞれです。

いじめや不登校などを不安視する親御さんがいますが、いじめや不登校は公立校に限らず、私立校にも存在します。

こうして見てくると、中学受験を選ぶのか公立中学進学を選ぶのかは、単純な話ではありませんね。みなさんが悩むのは、当然のことなのです。そして何が正解なのかは、ご家庭の中から、お子さんの中からしか見つけることはできません。

中学受験をさせる上で、一番気をつけていただきたいのが、**お子さんを勉強嫌いにさせないこと**です。中学受験をするか、公立中学に進学するかを選択するときは、親御さんにとっての不安を取り除くためではなく、**「わが子にとってのベストな環境はどこか」という視点を忘れない**でいてください。

意外と少ない？　高校受験で入れる私立上位校

公立中学への進学を検討する際に、一つだけ気をつけてほしいことがあります。それは、首都圏では高校から入学できる私立上位校が意外と少ないという現実です。

公立中学へ進学を希望するご家庭にお話をうかがうと、「小学生のうちはのびのびと過ごさせたい」「教育費は大学進学に手厚く使いたい」などの考えを教えてくださいます。「小学生のときは好きなことをさせてあげて、勉強は中学から頑張ってくれたらいいかな。それで、高校受験で公立上位校に入ってくれればいいなぁ」と、なんとなくのイメージを描いていることが多いようです。

中には中学受験で思うような結果が出せずに、「うちは開成を目指す」「慶應附属に入れたい」と再チャレンジをさせるご家庭もありますが、はじめから高校受験で「うちは私立高校に入れたい」と思っているご家庭は少ないのではないでしょうか。

もし、私立を望むのであれば、今は6年一貫カリキュラムが整っている中学受験を検討するほうが自然でしょう。なぜなら、**中学受験のほうが選択できる学校の数が多い**からです。

今の時代、東京都の公立高校受験で日比谷高校や西高校、国立高校などのトップ校（進学指導重点校）に入ることは生半可なことではありません。

入試で高得点を取ることはもちろんのこと、内申点は9教科すべてがオール5で、生徒会や部活で活躍した各中学校を代表するような優秀な子たちがこぞってこれらの学校を目指してくるため、倍率も高くなります。

ところが、このトップランクの学校がちょっと厳しいかもしれない……となったときに、次に狙える公立高校の選択肢がすぽっと空白地帯のようになっているのです。

かつてはその次のランクに、小石川高校や三鷹高校などの学校がありましたが、これらの学校は十数年前に公立中高一貫校に生まれ変わり、高校から入学ができなくなってしまったからです。

その次のランクになると、トップ校との差が大きく開いてしまいます。大学進学実績が高校選びのすべてではありませんが、2番目が大きく離れたランクの学校になる可能性があるという事実は、無視できません。

それならば、高校受験で私立上位校を目指そうと思っても、中学受験ではあれほどたくさんあった私立校が、高校受験になるとその数がグンと減ってしまい、思ったほどの選択肢がないのです。

中学受験で難関校と言われる学校で、高校募集もしている学校は、男子校なら開成(69)、慶應義塾(63)、桐朋(57)、巣鴨(55)、城北(56)、本郷(53)、女子校なら慶應義塾女子(70)、豊島岡女子(64)、共学校なら早稲田実業(男女66)、明大附属明治(男58／女61)、青山学院(男59／女61)などごく一部です(カッコ内は駿台模試の偏差値)。

参考までに、中学受験の偏差値も見てみましょう。ＳＡＰＩＸの偏差値では次のようになっています。開成（67）、慶應義塾普通部（58）、桐朋（47）、巣鴨（42）、城北（44）、本郷（46）、豊島岡女子（61）、早稲田実業（男53／女58）、明大附属明治（男女55）、青山学院（男47／女54）。

お気づきでしょうか、**中学受験で中堅校とされる偏差値42～50あたりの学校が、高校受験になると軒並み偏差値ランクが大幅上昇しています。** 理由はいろいろありますが、やはり高校受験の選択肢が少ないことで受験生が集中してしまうことが大きな要因です。

かつて多くの私立では高校募集も行っていましたが、中学受験熱の高まりとともに6年一貫での生徒育成に力を入れ、高校からの募集を停止する学校が増えました。２０２１年には本郷、２０２２年には豊島岡女子も高校からの募集を停止することが決まっています。

こうした流れの背景には、中学受験組と高校受験組の足並みをそろえることの難しさが挙げられます。かつては中学受験組の中に、公立中学で3年間一生懸命勉強をし、狭き門をくぐり抜けてきた優秀な高校受験組が加わることによって、中だるみをしてしまう内部生に刺激を与え、学校全体を活性化させるという効果がありました。

ところが今は、その効果が期待しにくくなっているのです。

中学受験に必要な理科・社会の知識は公立中学で習うレベルに匹敵し、単元によっては公立高校入試を超えたレベルまで要求されます。それを先に学習している中学受験組の生徒は、中高ではさらに深い内容の勉強をすることができます。

また、中高一貫校のカリキュラムは中学生の時点で高校過程の内容まで進むことができるため、すでに先へ進んでいます。

そこに高校受験組が途中から加わると、知識量や進度の違いが生じてしまい、カリキュラムが2本立てで複雑になったり、大学受験対策の足並みをそろえたりするのが難しくなります。

現代の教育では、深く考える力を育てようとする「探究型」の学びを重視するトレンドにありますが、6年一貫の学校運営のほうが、そのトレンドにも合致しています。

こうした理由から年々、高校募集をする私立上位校が減少しているのです。

公立トップ校は極めてハードルが高く、その下のレベルの学校となると、公立校も私立校も受験校に限りがあるという、この状況がなぜか世間ではあまり知られていないということに、私は懸念を覚えています。

高校受験事情をわかった上で、公立進学を選択するのであればよいと思うのですが、公立中学に進んでから高校受験の実態を知って、「こんなはずではなかった……」となるのは、避けてほしいのです。

逆にそこまで上を目指しているわけではないというのであれば、各地域には公立高校はありますし、単願推薦で合格が保証されている私立高校もあり、どこかの学校へは進学できます。

また、当日の入試一発勝負で決まってしまい、しかも倍率が2倍3倍、中には10倍以上にもなる中学受験と違って、高校受験は万が一、第一志望の公立受験が不合格だったとしても、滑り止めの私立高校を確保しておくことができます。そのために学校同士の約束ともいえる内申書があると言ってもいいでしょう。

つまり、**中学受験と高校受験とでは、その中身が大きく違う**ということです。

公立と私立 メリット・デメリット

あらためて、わが子の進路を考えるというのはつくづく難しいことですね。一人であれこれ考えていても、なかなか答えが出ないということもあるでしょう。そこで、頭の中にあるモヤモヤを整理して決断していく方法をお教えしたいと思います。

手元の紙に、次のようなマスを書いてください。もちろんパソコンで表を作っていただいても構いません。

そしてご家族それぞれが、中学受験を

中学受験をするわが家のメリット・デメリット

	中学受験をする	中学受験はしない
メリット よさそうなこと 期待したいこと		
デメリット 困りそうなこと 心配なこと		

する場合にメリットだと思うこと、逆に困りそうだな、心配だなといったデメリットと思われることをマスに書き込んでいきます。同じようなことを繰り返し書いても構わないので、どんどん書き込んでいきましょう。

一通り書き終わったら、特に大事にしたいもの、これは絶対に避けたいと思うものに印をつけます。

すると、自分たちが選びたいのはどちらなのかが、はっきりしてくるのです。

例えば、私立中学へ進学することのメリットとして考えられるのは次のようなことになるでしょう。

- 高校受験がないため、中高の6年間をのびのびと過ごせる
- 大学附属校に行けば、中高大の10年間をのびのびと過ごせる
- 6年一貫カリキュラムにより先取り学習ができるため、大学受験に有利
- 難関中に入れれば、難関大学に入れるかもしれない
- 実験室の数、グラウンドの大きさなど学校の設備が整っている
- 海外研修などの国際交流プログラムが充実している

- キャリア教育に力を入れているので、進路を決めやすい
- 同じ価値観の家庭が集まるので、安心して過ごせる
- 小規模な学校であれば、面倒見が期待できる

逆にデメリットとしては、次のようなことが挙げられます。

- 小学校生活の半分を、中学受験に注がなければならない
- 習い事を途中でやめるか、休まなければならない
- 頑張っても、第一志望校に行けるとは限らない
- 学費が高い
- 通学に時間がかかる
- 学校が家から遠いと、災害時にすぐ会えない心配がある
- 同じような家庭の子が集まるので、価値観が似てしまう
- 入ってみて合わなかったときのダメージが大きい
- 途中で中だるみしそう

・大学附属校に行っても、行きたい学部に入れるとは限らない
・周りが受験をしないので、小学校で仲間外れにならないか心配

では、公立中学に進学した場合のメリットは何でしょうか?

・勉強を基礎からじっくり身につけることができる
・家から歩いて通学できる
・小学校からの友達がたくさんいる
・親同士も知っているので安心できる
・地元で上下のつながりができる
・学費がかからない
・部活に一生懸命打ち込める
・小学生時代をのびのびと過ごせる
・子どもの成長を待って、子どもの意思で受験ができる
・子ども自身が学校を選んで、高校受験に向かうことができる

・いろいろな家庭の子がいるので、多様性が身につく
・あれこれ与えられるわけではない環境の中で、ハングリー精神が鍛えられる
・中学と高校とで自分のキャラを変えることができる（自分を変えるチャンスがある）

デメリットはどうでしょう？　お子さんが通う予定の公立中学と照らし合わせながら考えてみましょう。

・高校受験のために、中学生活の多くが使われる
・高校受験で必要な内申書に不透明なところがある
・公立難関高校は狭き門
・私立上位高校の選択肢が少ない
・生徒の学力にバラツキがあり、授業と学習の効率が悪い
・高校受験が終わっても、またすぐに大学受験がある
・私立中高一貫校よりも、大学受験に不利な部分がある
・部活に入らなければならない

- 学年の雰囲気や担当の先生によって、当たりはずれがある
- いまだに、画一的な考え方や振る舞いを押しつけてくる先生が多い
- 学校によっては、全体的に荒れていたりトラブルが起きやすい
- やりたい部活がない

どちらのメリット・デメリットも親御さんの価値観によって、挙がるものは違ってくると思います。こちらに挙げたのは一般的なものですが、できるだけ掘り下げて、細かいことも書いていきましょう。

全部書き上げたら、**まずデメリットの中で「これだけは絶対に嫌だ」という、お子さんにとって致命的なものにチェックを入れます。**

例えば小学1年生から剣道を習っていて、剣道が大好きなのに、進学予定の公立中学に剣道部がないという場合は、それに該当するかもしれません。

また、小学校で上の学年の子にいじめられたことがあって、その子たちが地元の公立中学に通うことになる場合、またいじめられるかもしれないと不安がある、というのもお子さんにとっては致命的なデメリットと言えるかもしれません。

そこまでの致命的なデメリットはないという場合は、**メリットの中で「ぜひこの機会を得させたい」というものにチェックを入れます。**

例えば、お子さんはダンスが好きで、ダンス部の強い学校に行きたいと思っている、十代のうちに海外留学を経験させたいと思っているなど、一つだけではなく、いくつにチェックをつけても構いません。

そうやって、わが家はどんな環境を子どもに与えたいかを考えていきます。すると、100点の答えなどもちろん出てきませんが、どちらの環境を選択したほうがいいかは決めやすくなっているはずです。そうやって、一つひとつ掘り下げて「お子さんにとっての〝ベター〟な環境」を見つけていきます。

公立中学進学こそ、その先をしっかりイメージ

よく、中学受験を選択されない親御さんは「うちは公立でいいかな」という言い方をされます。そこには「中学受験は大変だし、うちはそこまで頑張らせるつもりはない」という考えがあるように感じます。

でも私は「その考えはどうかな?」と思うことがあります。というのは、実は公立中学へ進学するほうが、その先々までしっかりと選択をしていく必要があるからです。

中学受験は子どもがまだ幼い分、親がサポートをしなければならない大変さはあります。でも私立中高一貫校へ進学すれば、その後はある程度余裕を持って先のことを考えることができます。

ところが、公立中学へ進学する場合は、小学生のうちはのびのびと過ごせるかもしれませんが、中学に入ったら高校受験の準備をしていかなければなりません。

高校受験は内申書が重視されます。入試の資料としては中3の成績が使われるのが一般的ですが、内申点をつける先生の心象は、中学入学時からの積み重ねで作られます。ですから、中学のスタート時点から定期考査への意識は必要です。

また、もし高校受験で上位校を狙うのであれば先述の通り、相当に狭き門であることの覚悟が求められます。

塾通いの事情も、昔と様変わりしています。以前なら中3から通えばよかったものが、今は中1から通うのが一般的です。上位校を狙う子なら、中学受験塾ほどのハードさはないものの、小5から塾通いをする子もいます。

そうやって早い段階から高校受験の準備をし、希望通りの高校に進学できたとしても、その3年後には再び大学受験が待ち構えています。

私立中高一貫校に通う子なら、中3の段階で高校過程の内容に入り、高2の終わりには高校過程で必要な学習範囲を終わらせ、高3では1年間受験のための勉強をすることができますが、公立高校進学組は高3の夏まで部活や学校行事をやりながら、大学受験の勉強を進めていかなければなりません。

しかし多くの場合、学校の授業だけでは受験対策は不十分なので、予備校に通うことになります。予備校も、いつから通い始めるのがよいか、考える必要があります。

つまり、**公立中学に進学すると、その先に準備すべきこと、選択すべきことが思った以上にたくさんある**ということです。

それを先送りして、なんとなく過ごしてしまうと、「あれ？　こんなはずじゃなかったんだけど？」と、あとで慌てることになります。私から見ると、公立中学へ進学することは、むしろ覚悟が必要な選択に映ります。

昔と違って、今の高校受験は先を見据えた計画と選択が必要だということを、ぜひ親御さん自身が知り、それなら「わが家はどうするか？」を夫婦で、親子でしっかり話し合ってほしいと思っています。

「うちは公立でいいわ」ではなく、**「うちは公立を選択するわ」と強い意志を持って、その先をしっかりイメージしながら、わが子にとってのベストを考える。**

中学受験にせよ、高校受験にせよ〝わが家の子育てビジョン〟をしっかり描いた上で、選択することが大事なのです。

中学受験に対する世間の目を気にしない

「教育虐待」という言葉が、今、世の中に広がりを見せています。

教育虐待は、わが子の将来を思うばかりに、幼いときから幼児教育や習い事をたくさんやらせすぎたり、テスト結果でひどく責めたりして、子どもの自由を奪い、人格権を傷つけてしまう状態を指します。

中学受験の場合、子どもの能力や体力を無視して夜遅くまで勉強をさせたり、「なにがなんでも難関校へ。難関校に合格しなければ、あなたを認めない」と過度なプレッシャーを与えたりするケースが、それにあたります。しかも困ったことに、親自身は虐待になっていることを自覚していません。

中学受験は子どもがまだ幼いため、親御さんは「私がしっかりしなければ」と、つい頑張りがちです。また、「家庭」という小さな世界の中で起きていることなので、周りが知らなかったり、気づいていても注意やアドバイスがしづらかったりして、どんどんエスカレートしてしまうケースがあります。

「教育虐待」というほどではないけれど、「あ、これはちょっとやらせすぎだな」という親御さんは、私がこれまで携わってきたご家庭でも珍しくありませんでした。どの親御さんもお子さんのためを思ってやっているけれど、残念なことにその愛情の注ぎ方を間違えてしまっているのです。

こうした中学受験のイメージがクローズアップされると、「中学受験をさせるのは、かわいそう」という世間の声も当然強まります。

また、実際に中学受験を選択しているご家庭でも、「小学生の子どもにこんなに勉強をさせて、かわいそうなことをしている」と感じている親御さんも少なくありません。

子どものためを思って頑張っているはずが、なぜこんなことになってしまうのでしょう？

私は、目的と手段を取り違えてしまうためだと考えています。

ちょっと冷静になれば誰でもわかることなのですが、**中学受験とは「わが子をこういう人に育てたい」「わが子がこう育っていくのを、応援したい」という〝わが家の子育てビジョン〟を、実現するための手段の一つにすぎません。**

例えば「わが子が国際的に活躍できるよう育ててあげたい」という子育てのビジョンがあるとします。その助けとなる環境として、ぜひとも通わせたい私立中高一貫校が見つかった。そこに通うためには中学受験が必要だ、というだけのことです。

もし、第一志望の学校に合格できなかったとしても、子育てのビジョンが消えてしまうわけではありません。叶えていくための環境として第二、第三の志望校が選べるなら、そこに通えればそれはそれでいい。

また、**合格不合格にかかわらず、中学受験を通して目標に向かって努力を重ねたことや、学校選びその他について家族で話し合い、子どもなりに自分のこれからを考えた経験は、お子さんが成長していく中で大きな糧になります。**

だいたい、野球やサッカーなどのスポーツや、ピアノやバイオリンなどの音楽のトップを目指すような小学生は、遊ぶ暇もなく朝から晩まで練習をしていても、「すごいわね」「さすがよね」とほめられるのに、中学受験の勉強を頑張っている子に対しては、「かわいそう」という目を送る人が多いのはなぜでしょう？

どちらも自分の目標に向かって頑張っていることには変わらないのに、おかしな話ですよね。いかに世間の大人が、勉強というものを目先の点数を取るためのものと思い違いをしているかが、わかります。

そして、スポーツ、アート、学問、ビジネスなど、どんな分野であったとしても、その道で活躍している人たちは、人の成長に対して色眼鏡では見たりはしません。「目標を持ってこれだけ頑張れるというのは、すごいね」と、受験勉強をしている子の努力そのものを、ちゃんとほめてくれます。

そして、**あなたのお子さんの努力は、あなたが一番よく知っています。**ですから、世間の目など気にする必要はないのです。「よそはよそ、うちはうち。だって、あの子のよさを一番知っているのは私たちだから！」と**自分たちの選択に対して自信を持てばいい**のです。それが、親子で迷うことなく中学受験を前向きにとらえていくコツです。

大学受験をさせたくないと思う親の心の内

2020年度から大学入試が大きく変わります。その中身についてはここでは省略しますが、新しいものに変わるときというのは、やはりみなさん不安になりますよね。それは近年、大学附属の中高一貫校に人気が集まっていることからも伝わってきます。

昔から早慶の大学附属校は人気がありましたが、ここ数年はGMARCH（学習院、明治、青山学院、立教、中央、法政）をはじめ、それよりも下のランクの附属校も人気が跳ね上がっています。

その背景には、新しい入試に対する不安と、２０１６年度から急速に進んだ私立大学の一般募集の合格者数の絞り込みがあります。三大都市圏の大学には全国の受験生が集中することもあって、以前から入学定員の超過が常態化していました。

ところが地方創生の掛け声のもと、地方の振興策に力を入れる政権の意向を受けて、文部科学省が地方から都市部への進学者流出を抑制する方針を取り始めたのです。そのため、模試ではA判定が出ていた生徒が実際の入試では不合格となってしまうケースが続出し、大混乱が起きてしまいました。

自分たちの時代は、がむしゃらに勉強をすればなんとかなった大学受験が、これからは思考力や表現力、記述力といった別の力が求められるようになる。さらに、合格ハードルもいきなり上がることがある。見通しの不透明さが増す一方の大学受験を心配するぐらいなら、いっそのこと中学受験で大学附属校に入れてしまったほうが安心と考えるご家庭が、今とても増えているのです。

また、親御さんの中には「わが子に苦労をさせたくない」「失敗させたくない」という思いから、受験は中学受験1回で済ませたいと、大学附属校を希望される方もいます。

同じ親としてその気持ちはわからないでもないのですが、こうした回避の考え方は、要注意です。というのは、ただ単に大学受験を回避するためだけで附属校に入ったお子さんは、入学した途端に勉強をしなくなってしまう傾向が強いからです。

大学附属校は、親の不安を解消するためにあるわけではありません。

大学附属校の魅力は、その歴史であったり、文化であったり、広大なキャンパスであったり、潤沢な資金であったり、大学との連携やOBのネットワークであったりと多岐に渡ります。そうした特長が〝わが家の子育てビジョン〟にも合っていて、魅力だから大学附属校を受験しようという選択であってほしいと思います。

競争心がなくても中学受験はできる

受験は、競争心のある子のほうが伸びると言われています。

確かに大手進学塾の上位クラスにいる子は、そういうタイプの子が多いですね。小学校でずっと1番や2番のポジションにいて、自信のある子が集まりますから。そういう子は、勝つ楽しさ、1位を取って人に注目を浴びたり称賛されたりする気持ちよさを知っているので、勉強へのモチベーションも高いことが多く、伸びやすいのです。

では逆に、競争心がない子は受験に向かないのかというと、そうでもありません。競争心がないと言われる子をやや乱暴に二つのタイプに分けると、「気後れ型」と「マイペース型」に分かれます。

「気後れ型」の子は少し自信に欠けるところがあり、一歩引いたところで様子を見ようとします。勉強でも、ほかの子と比べられることが苦手で、テストを嫌う傾向にあります。「どうしてこんな問題が解けないの?」「なんでいつもこんな点数なのよ?」と親からいつもガミガミ言われ続け、勉強に対するモチベーションが下がってしまっている子も、このタイプに入りますね。

一方「マイペース型」の子は、人と競争することにはあまり興味がなく、学ぶこと自体の楽しさを味わっています。

例えば、男の子女の子にかかわらず大の歴史好きという子がいますが、そういう子は歴史に関してはものすごい知識があり、いきいきと勉強します。だからといって、社会の成績がいいかといえばそうでもなかったりする。自分の好きな歴史のときはテストでもいい点数が取れるけれど、地理は全く取れない。でも本人は特に点数を気にしているふうもなく、「地理はちょっとね」などと、平気な様子です。

こういう子は、「学ぶことは楽しい」という勉強をする上で一番大切なことを知っているので、大人がうまく導いてあげるとちゃんと伸びていきます。また、人との競争には興味がないし、テストで高得点を取るために勉強をするという発想がないので、テストの成績が悪くても引きずりません。

親としてはやきもきするのですが、実はこの**メンタルの安定感も長期戦の中学受験では大きな武器**になります。ですから、「うちの子は競争心がないから、受験には向かない」と決めつける必要はありません。

私がお手伝いして、御三家や灘中、東海中などに進学していった数多くの子どもたちを思い出しても、3〜4割はマイペース型の子たちです。ただこの割合は、私が1対1の個別指導塾をやってきたという事情もあると思います。大手進学塾だけで受験に向かう場合、上位生の中に占めるマイペース型の割合は、もう少し低くなると思います。

なぜなら、塾にとっては競争心を煽っておくほうが進めやすいからです。同じテストを受けさせて、成績がよかった子だけを特別扱いすれば、それを悔しがる子が勝手に頑張るので管理がラクなのです。ノルマ型で競わせる企業と、考え方は同じですね。

競争心がないタイプの子は、こういう塾のシステムに合わず、その子のよさを見つけてもらいにくいということはあります。その可能性を感じたときは、大手進学塾へのこだわりは捨て、お子さんに響くやり方で指導をしてくれる中小規模の塾を選択するほうがうまくいくこともあります。

志望校選びのフレームワーク

中学受験をする上で、志望校選びはとても大切なことです。でも、勉強の都合だけでいうと、はじめから「〇〇中に行く！」と志望校を確定しておく必要はありません。

行きたい学校が決まっていたほうが一般的に受験勉強は進めやすいですが、特定の学校名にこだわりすぎてしまうことでテストのたびに結果に一喜一憂して、学習の視野が狭くなってしまう危険性もあるからです。志望校選びは焦らず、広い視野を持って進めるとよいでしょう。

とはいえ、東京都だけを見ても183校もの私立中高一貫校があります（2019年4月現在）。公立中高一貫校や国立中高一貫校も含めると、さらに選択肢は広がります。そんな中で、わが子にぴったりな学校を選ぶのは容易なことではありませんよね。

そこで、志望校選びについて相談を受けたときの、私のやり方をご紹介します。まずはご家族それぞれで、**「ここだけは譲れない」という条件を挙げてください。**

例えば「通学に1時間以上はかけない」「1学年1、2クラスしかない学校は、さすがに刺激に欠けるので入れない」「大学受験は自分の力で頑張ってほしいので、大学附属校には入れない」といったことです。

中学入学を機に家を引っ越すことは可能かも、確認するといいでしょう。通学可能圏かどうかは、学校選びの大きな要素の一つです。

次に、大手塾の合格偏差値表を準備します。四谷大塚や日能研はホームページで公開していますから、それを使ってもよいでしょう。

偏差値表を開いたら**「正直なところ、この学校は行かせたくない」という学校をマーカーで消していきます。**偏差値ラインでズバっと切ってもいいですし、「この学校だけは嫌」と個別に消すのでも構いません。

消すことにためらう方もいるのですが、結局選ばないことがすでにわかっている学校については視界から外していくほうが、迷いのない選択をしやすくなります。

そして、先ほど列挙した「ここだけは譲れない条件」を当てはめていきます。通学圏内かどうかを点検するには、乗り換えアプリとともに**「首都圏　私立中学　マップ」や「〇〇県　私立中学　マップ」のキーワードで検索して出てくる学校の分布地図を利用すると便利**です。

ここまでくると、最初は選びきれないぐらいにあった学校も、ずいぶん絞られてきます。最後は、お子さん自身との相性です。

お子さんと一緒に学校のホームページを見たり、学校案内を見たりして「どの学校に通いたいかな」「どの学校が合うだろうね」と相談していきます。

学校説明会に足を運んだり、文化祭や体育祭に出向いたりして、実際に学校の雰囲気を味わってみることも大事ですね。実際に行ってみて、お子さん自身の肌感覚で確かめてみると、「ここに通いたい！」と即決することもよくあります。

また、親御さん自身も、その学校に通うわが子を想像しながら見てみてください。「この学校で楽しそうに過ごしているわが子が目に浮かぶなぁ」「あれ？　なんかこの学校はしっくりこないなぁ」といった肌感覚は、いつもそばにいる親御さんにしかわからないものです。

STEP1 ここだけは譲れない条件の書き出し
←

学校を見学したあとは、お子さんが「どう感じたか」をヒアリングしましょう。小学生の子どもなので、「○○中の教会が素敵だった！　あそこがいいなぁ」とか、「○○中の理科実験教室が面白かった。教えてくれたお兄さんも優しかったし」といった感想くらいしか聞けないかもしれませんが、それだって立派な志望動機です。そうやって、親子で一緒に話をしながら、学校選びをしていきましょう。

整理をすると、次のようになります。

STEP2　選ばない学校の消し込み
↓
STEP3　譲れない条件を当てはめて絞り込み
↓
STEP4　わが子との相性

ところで、志望校選びでよくご相談を受けるのが、男子校または女子校の別学がいいのか、共学校がいいのかという問題です。

中学受験を経験されているお父さんが、自分の母校が男子校だったから、わが子もぜひ男子校にと決めていることはよくあります。おそらく、ご自身がとてもよい十代を過ごされたのでしょう。同じように、女子校をすすめるお母さんもいらっしゃいます。

一方で、「これからは多様性の中で生きていかなければならないから、男女別よりも共学校で学ばせたほうがよいのでは」と考える親御さんも増えています。自分が学生時代に、男子校、女子校特有のノリや雰囲気になじめなかったという体験があれば、わが子は共学にという思いにもなるでしょう。また近年は、もともと別学だった学校が共学化して人気校へと変わるケースも相次いでいるため、共学希望者は確実に増えています。
私は、どちらにもそれぞれのよさがあると感じています。

ですから、まずは頭の中であれこれ考える前に、主役であるお子さんにたくさんの学校を見せてあげるといいと思います。お母さんは自分の母校の女子校に通わせたいと思っていても、「私、やっぱり女だけの世界ってちょっとダメかも……」と言うかもしれませんし、「女子校って案外楽しいかもね！」と言ってくるかもしれません。

大事なのは、そこに通うことを子どもがどう感じるかです。

意外と知られていない　私立の奨学金制度

中学受験は、お金の問題を避けては通れません。塾代はもちろん、合格後の学費も必要です。その負担を考えて、中学受験をあきらめるご家庭もあるのですが、実は私立中高一貫校にも奨学金制度があるということが、意外と知られていないようです。

奨学金制度といえば、入試で好成績を取った子が特待生として受けられるものはご存じの方も多いと思います。それとは別に入学後、経済的な理由から学費の支払いが困難な家庭を援助するための奨学金制度を設けている学校もあります。「はじめに」で明かしたように、私もこの制度のお世話になりました。

ただ学校も、奨学金制度のことを全面的には打ち出してはいませんから、学校のサイトを見ただけではわかりにくいですね。

「私立中学　奨学金」で検索をしてみると、例えば「中学受験　高校受験パスナビ〈中学校独自の奨学金情報（東京）２０１９年度入試用 https://chukou.passnavi.com/joho/scholarshipj-tokyo〉というサイトが見つかりますので、ご覧になってください。

中学受験を成功させる親の共通点

さて、ここまで読んでみて、「中学受験の本なのに、なかなか実践的な内容に入っていかないなぁ」と思った方もいるかもしれませんね。

長年中学受験の指導や相談に携わり、さまざまなご家庭を見てきました。現在はお子さんに国語を教えるといった直接の指導からは外れていますが、今もなお多くのご家庭のご相談を受けています。その多くがお母さんからのご相談です。

「私が中学受験を経験していないから、この子を上手にサポートしてあげられない」
「私が仕事をしているから、ほかのお母さんのようにこの子を見てあげられない」

そんな言葉を聞くたびに、「お母さん、そんなに自分を責めなくていいんですよ。頑張らなくてもいいんですよ」と声をかけたくなります。

中学受験は子どもの成長差によっても学力差が出てしまうし、精神的にまだ幼い子どもですから、やる気にもメンタルにもムラがあります。

そのため、**努力だけでは結果につながらないことも多い**のです。もう少し子どもの成長を待ってあげればできるようになることも、入試という期限が決まっているため、無理やりそこまで引っ張っていかなければならない。

どのお母さんもみんな子どものことを愛していて、子どものために頑張りたいという思いがあるから、感情も高ぶりやすいし、情報に振り回される。そこに中学受験の難しさがあります。

でも、「中学受験というものは、そういうものなんだ」と気持ちの準備を整えてから臨めるとしたらどうでしょう?

私がこれまで出会った中で、子育てがうまくいっているなと感じるお母さんには一つの共通点があります。それは、**いつもニコニコしている**ところです。それは日々の生活の中で心配なことや、カッとすることもありながら、子どものことを話すときはだいたいニコニコしている。

受験相談でも、「今、私の仕事が忙しくて、子どもの勉強をじっくり見てあげられないんですけど、この間、自分から勉強を始める姿を見て、すごいなぁって感心しちゃいましたよ」とニコニコ顔で話されます。こういうお母さんの家は、だいたいうまくいきます。ポイントは、**人と比べていない**ことです。

「うちはうち」「私は私」「子どもは子ども」と切り離して見られているから、よその家と比べることがないのです。また「私はできたのに、この子は……」「私ができなかったから、この子も……」という発想にもなりにくい。

もし比べるのであれば、それは子ども自身の成長です。

「去年の今ごろは勉強を始めるだけで大騒ぎだったのに、今は自分から勉強を始めるようになるなんて、たいしたものだわ」と、その子の成長に目を向け、それをほめてあげる。自分の成長をほめられれば、子どもも素直に嬉しい気持ちになり、「もっとお母さんを驚かせてあげよう！」と自分から頑張るようになります。

私が中学受験に関わるようになって28年以上が経ちますが、中学受験でうまくいくためには、「塾は何年生から始めたらいいですか？」「〇〇中に強い塾はどこですか？」といったことよりも、**「よそはよそ」「うちはうち」と〝わが家軸〟を持って進めていけるかどうかのほうが、はるかに重要**だということを確信しています。

さて、ここまでの第1章、第2章はずいぶん遠回りしたように感じられたかもしれません。しかし、中学受験を考える上で、実は非常に実践的な内容を扱っていたということは、後々実感していただけるものと思います。

第3章

中学受験を始めたら……

塾が担う3つの要素

では、ここからは実際に中学受験の勉強が始まったら、どのように進めていくとよいかをお伝えしていきます。

一般的に中学受験の勉強は、大手進学塾の4年生コースが始まる3年生の2月からスタートします。そこから6年生の入試まで3年間かけて、受験のための準備を進めていきます。

中学受験の勉強は、塾のカリキュラムに沿って進めていくことになります。そのため、どの塾を選ぶかはとても重要な判断ですが、その前に塾の役割について説明をしておきましょう。

塾の役割は大きく分けると、次の3つの要素から構成されています。

①教える

②鍛える
③チェックする

まず、塾は授業で新しい単元を教えます。次に知識の定着と強化を図るために、類題や応用問題などで演習を行います。最後にテストで理解度をチェックします。この**「教える」→「鍛える」→「チェックする」の3ステップが基本**となります。

塾を選ぶ際には、この3つの要素に塾がどれくらい関わってくれるかと、子どもの学習の自立度合いを照らし合わせて選んでいきます。

例えば授業の進め方でいえば、比較的速いペースでどんどん先へ進むSAPIXの授業が、テンポがよくてわかりやすいと感じる子もいれば、速すぎてついていけないと感じる子もいます。比較的ゆっくり進められる日能研の授業を面白くないと感じる子もいれば、丁寧でわかりやすいと感じる子もいます。

これはどちらの教え方がいいか悪いかという話ではなく、授業を受けたときにお子さんがどう感じるかということのほうが、より大事な選択要素だということです。

「鍛える」部分の演習の取り組み方についても、ある程度強要されながら、周りと一緒にやるほうが向いている子と、一人でじっくりやりたい子に分かれます。

自分で一人コツコツ取り組むことができる子は、日能研などと相性がいいですし、刺激を求めるタイプは、授業中に演習を多めにやってくれる塾のほうが力を発揮しやすいでしょう。ＳＡＰＩＸや早稲田アカデミー、浜学園はこのタイプになります。

テストも塾によって対応が違います。

例えば早稲田アカデミーでは、テスト直しをきちんとさせるスタイルをとっています。また関西の希学園は、テスト直しをさせてそれを提出するところまで徹底しています。一方、ＳＡＰＩＸは成績を出すだけで、テスト直しには関与しません。「あとは家庭でやっておいてくださいね」というスタイルです。

テスト直しは、受験勉強を進めていく上でとても大切です。それを家庭でできるのなら、〝家庭おまかせタイプ〟のＳＡＰＩＸも合うでしょうし、家庭だけで進めていく自信がないという場合は、テスト直しに関わってくれる塾を選んだほうがお子さんを伸ばしてあげやすいでしょう。

大手進学塾の特徴

	教える	鍛える	チェックする
SAPIX	講師が「なぜ？」と問いかけ生徒に考えさせ、問題をどんどん解いていくスタイルで授業が進みます。理解速度の高さが求められます。	宿題量は非常に多く、基本知識の反復から応用問題まで多岐にわたるメニューが課されます。	毎月のテストの成績で、クラスが変動します。得点へのプレッシャーがかかりやすい仕組みです。
日能研	テキスト通りの解説を行い、生徒に問題を解かせて解説を行うという、オーソドックスなスタイルの授業です。	宿題については問題量はそれほど課さないかわりに、一題一題をじっくり考えさせようとします。理解を大切にしたい子には取り組みやすい一方で、類題演習を重ねたいタイプには物足りない宿題となっています。	毎月実施の「公開テスト」と週ごとの「カリキュラムテスト」が組み合わせで実施されます。クラス変動は2ヶ月ごとに行われますが、カリキュラムテストの成績で教室内の席順が毎回入れ替えられる点が、特徴的です。
四谷大塚	予習シリーズがテキストの軸となります。上位クラスは単元の基本を予習させた上で実施されますが、下位クラスは予習なしで受講できます。テキストの解説が詳しいため、学習はしやすいですが、カリキュラムの進度はかなり速いです。復習用の授業動画が充実しています。	予習シリーズと補助問題集の組み合わせで宿題が出されます。SAPIXや早稲田アカデミーと比べると量は手ごろで、こなしやすくなっています。	毎週実施の復習テスト「週例テスト」と、毎月実施のまとめテスト「月例テスト」が併用されます。カリキュラムの定着を意識したテストとなっています。
早稲田アカデミー	知識のインプットと問題演習に重点を置いた授業です。テスト直しも授業の一貫として組み込まれるなど、反復定着を求めてきます。	宿題量は非常に多く、類題演習と知識暗記の課題が目立つことが特徴です。	テストは、四谷大塚に準拠します。クラス変動は2ヶ月に一度のペース。小6の受験期になると、難関中の入試問題をそっくり真似たテストを繰り返して、合格力を高めます。
浜学園	生徒の興味を引きつける話題を盛り込みながら、問いかけを重ねて進んでいく授業スタイルです。上位クラスでは授業中にどんどん問題を解いていくので、進み方はかなり速いものとなっています。	クラス帯によって範囲設定はされますが、テキストの中で、授業中に終わらなかった問題は基本的にそのまま宿題となります。量も多く、難易度も高いものが含まれています。特に算数の負担が大きいことが、特徴です。	復習テストは、毎週の授業時にセットで実施されます。科目ごとに授業とチェックが同時に行われるのは合理的ですが、テスト管理が煩雑にもなります。公開テストは月1回で、クラス変動は2ヶ月に1回です。単発の特別講座や模擬試験が、数多く実施されます。

そうやって各塾のスタイルとお子さんのタイプや自立度、そして家庭の事情を照らし合わせ「うちの子はどこの塾なら伸びそうか?」という視点で塾選びをしていきます。くれぐれも合格実績だけを見て、「あの塾は最強! あの塾に入れれば、うちの子の成績を伸ばしてくれるに違いない」などという発想で塾選びをしないことです。

115ページに、代表的な塾の違いを3つの要素から整理しましたので、参考にしてください。

塾選びはわが子を中心に考える

塾選びをする際には、必ず事前に個別面談を申し込むようにしましょう。各塾ともパンフレットなどは渡してくれますが、実際の授業イメージや宿題の量、テストがどの程度の要求度で実施されて、それに対して塾はどんなことをしてくれるのかといった具体的なことは、資料を見ても全くわかりません。

「うちの子の場合、どんなふうにやっていけるのかな?」と、お子さんの姿をイメージしながら、塾の担当者に面談であれこれと質問していくことをおすすめします。塾の3

つの要素を意識して、質問していきましょう。

候補の塾が体験授業を受けさせてくれる場合は、ぜひ参加してください。一つの塾の体験が1週間だとして、二つの塾を体験すればそれだけで2週間。面談をしたり、家族で話し合ったりという時間を考えると、**塾の検討は入塾予定時期の半年ほど前には動き出しておきたい**ですね。

入塾時期として一番オーソドックスな新4年生開始（学校学年の3年生2月）で考えるなら、3年生の夏休みあたりから検討を開始して、9月か10月ぐらいから面談や体験授業を受け始めるイメージです。

ただ、丁寧に検討したとしても実際に入塾してみたら思っていたのとは違った、ということはよく起きます。4年生クラスが始まるタイミングで入塾をしたとしても、4年生の夏ぐらいまでは、その塾での勉強ペースやり方を見つけていく期間と考えて、問題ありません。

塾には3つの要素があるとお伝えしましたが、その中で最も重視したいのが「授業」です。中学受験塾では授業で「理解できる」ことを前提に、演習で鍛え、テストで理解度を確認するという流れになります。この流れにうまく乗れるかどうかで、その後の勉強の手応えが変わってきます。

なかなか成績が上がらないというお子さんは、黒板を写すのを頑張る、授業中に問題を解くことを頑張る、家に帰ってからの宿題を頑張るなど、いろいろと頑張っているのですが、「授業中にできるだけ理解して、習ったことを覚えて帰ってくる」ということができていません。そのため、学習のつながりが悪く非効率で、本人なりの頑張りがなかなか成績に結びつかないのです。

授業で「理解できる」状態になるには、二つの要素を点検します。一つは先にお伝えした**「子どもにとって理解しやすい授業スタイルであるか」**、もう一つは**「子どもにとって使いやすいテキストであるか」**です。

大手進学塾では、各塾でオリジナルテキストを用意しています。

日能研や四谷大塚は、半期分の授業単元が1冊のテキストにまとめられています。浜学園は科目にもよりますが、1年分が4冊ぐらいに分冊されています。こうしたテキストの場合、テキストをめくっていけば次回の授業内容も見ることはできますから、少し予習もできるため、授業準備はやりやすいと言えます。

例外は、SAPIXのテキストです。その週に学習する単元のテキストが、毎回冊子の形で授業の前に配布されます。そのため、事前に予習をすることはできません。

なぜこんなスタイルを取るかというと、生徒の頭をまっさらな状態で授業に臨ませることで、その日の授業に集中させるためです。それには、ある程度の精神的な成熟度と学力の高さが必要になるため、生徒を選ぶスタイルです。

事前準備をしないと授業についていけない子やスロースタータータイプの子、自分のペースを大事にしたい子の場合、このように毎週テキストが渡されるスタイルは、全く合わないこともあります。

東京ではSAPIXが一人勝ち状態になっているため、塾のスタイルをよく吟味しないままに入塾してしまうご家庭も増えているのですが、「SAPIXは生徒を選ぶ塾だ」ということは、頭に入れておいたほうがよいでしょう。

そのほか、テキストも文字が多いものや写真やイラストを多めに取り入れているもの、コラムが面白いものなど、各塾で特徴があります。中学受験の勉強は3年間と長期戦です。その間に使うテキストの相性もあなどれません。ぜひ、**入塾前の個別面談の際にテキストも見せてもらって、お子さんとの相性確認はなさってください。**

このように、各塾のテキストの作り方と授業の進め方を見比べることにしっかり時間をかけておくと、入塾後にミスマッチで悩むということが防げます（塾選びをより詳しく知りたい方は、私と西村則康氏との共著『中学受験基本のキ！』も合わせてご参照ください）。

そして、言うまでもありませんが、難関中学合格者を多数出している塾の広告を見て、「難関中学に行くには、やっぱりこの塾に入らないとダメよね」などと思い込むのは避けてください。将来的に難関中学に合格できるとしたら、それはお子さんの学習努力が難関中学合格レベルだったということです。

塾は手段であり、道具です。お子さん自身をよく見て「この子は、どの道具を使うのが一番力を発揮しやすいか？」という観点で塾選びを進めていただきたいと思います。

中学受験で好スタートを切るために、まずは入塾テストをクリアする

大手進学塾に通うには、入塾テストに合格することが必要です。各塾の新4年生コースに向けた入塾テストは、3年生の11月、12月、1月に受けるのが一般的です。入塾テストの目的は、「入塾そのものの可否」と「クラス分け」です。

「お金を払う立場なのに、入れないこともあるの？」と、驚かれた方もいらっしゃるかもしれませんね。確かに塾は学習サービスを提供するところですが、各塾には対象とする学力レベルがあります。そのため、**多くの塾で合格基準が設定されていて、それをクリアしなければ通うことはできません。**

近年、四谷大塚は「入塾テストの合格率は5割」と、自社のホームページで発信しています。実際、不合格となる子はかなり多いようです。ただ不合格とされても、その後にフォローのための授業が準備されていて、その授業を受けて修了テストで合格できれ

ば入塾させてもらえるようです。

ですから、実質の入塾率という意味では5割よりも高くはなっていますが、中学受験事情に詳しくない方からすると、相当に高いハードルと感じられることでしょう。

この合格基準は、塾によってもかなり差があります。栄光ゼミナールは基本的に希望者全員受け入れ、日能研もかなりゆるめの基準です。早稲田アカデミーは四谷大塚よりかなりゆるめの設定ですが、近年少しハードルを高くしたようです。

SAPIXの場合は、基本的に難関中学への受験意欲が高い家庭が挑戦するというイメージが定着しているため、そもそも受験者の学力レベルも高めです。準備している家庭は、合格は当然としてどのクラスに入れるかに関心が向いている一方、事情を知らずに準備なしで受けた家庭は不合格とされて慌てる、という構図が見られます。

3年生の2月からの入塾を目指す場合、何回か受けるチャンスを生かして、最初の11月は予行練習と考えて、12月や1月の入塾テストに照準を合わせて進めるというやり方もあります。

1回目は会場の雰囲気に飲まれて実力を発揮できないこともありますよね。本命の塾の入塾テストの前に、別の塾で馴らしておくのもいいかもしれません。

また、2回目以降の入塾テストでも成績が振るわなかった場合は、別の塾を検討したほうがいい場合もあります。親として、無理をして入っても続かないと感じたなら、別の塾を検討するという冷静さは持っておきたいですね。

なお、入塾は、**できれば上位クラススタートを目指しましょう。**つまり、腕試し気分で入塾テストを受けるのではなく、できるだけ準備を整えてから受けるようにしてほしいのです。

仮に入塾時は下のクラススタートになったとしても、少なくとも最初の3ヶ月はお子さんの勉強に丁寧に関わってあげることでテストの点数をアップさせ、上のクラスを目指すようにしてください。

関わり方としては、先にお話しした塾の3つの要素を意識して、授業理解と宿題の定着を手伝ってあげるのがよいでしょう。

なぜ上位クラスを目指してほしいのかというと、**大手塾では時間が経つにつれて、授**

業とテストレベルとのミスマッチが広がっていくからです。
4年生の国語のクラスを例に説明しましょう。

大手進学塾で4年生のクラスを担当する先生は、大きく二つのタイプに分けられます。一つは、受験学年（6年生）の担当経験があり、中学受験で求められている国語力を理解した上で、4年生を担当している先生。

もう一つは、受験学年の指導経験がなく、塾講師としての力量をこれから高めていくために、まずは4年生で経験を積もうという段階の先生。

当然、上位クラスを担当するのはベテランの先生で、新人の先生は下位クラスを担当します。上位クラスに入れば質の高い授業を受けられますが、下位クラスの子は塾にとって「お客さん」になってしまう可能性が高くなるということです。

授業の進度や内容も、上位クラスと下位クラスでは差があります。特に小5の夏あたりからはっきりと差が出てきます。

大手進学塾にとって最も大事な使命は、「難関中学に何人合格させたか」という実績です。そのため、塾のテキストは上位クラスにいる優秀な子たちが、難関中学にチャレンジしたいと思うような高度な内容に作られています。

その同じテキストを、学力別に分けられたクラスで用います。上位クラスの子なら理解が早いので、授業もスピーディーに進み、応用や発展問題にも取り組むことができますが、下位クラスでは文章を読むだけで時間をとられ、演習までたどり着けないこともあります。

つまり、同じ授業時間でも、習う内容に大きな差が生じてしまうのです。

ところが、クラス分けのテストは、全クラス共通の問題（塾によっては違う場合もあります）。上位クラスの子なら、授業の復習をするだけで対策がとれますが、下位クラスの子は、授業でやったことのない問題を解くことになります。

ですから、**学年が上がるにつれてクラスを挽回することがどんどん難しくなっていく**のです。それでもまだ**小4の時点なら、努力次第でクラスは上げられる。**だからこそ、はじめの第一歩が大事なのです。

入塾テストにはどんな問題が出るの？

中学受験に挑戦する子は、小学校のテストではいつも高得点の勉強が得意な子が多いと思います。ところが、そんな子たちでも塾の入塾テストは、その対策をしっかりとらなければ、高得点は取れません。

では、入塾テストでは、どんな問題が出るのでしょうか？

入塾テストは、国語と算数の2科目で、それぞれ40分程度の時間で行われます。国語を例にお伝えしましょう。

国語で問われる問題（150点満点）は大きく分けて次の3つで、この構成は、SAPIX、四谷大塚、日能研いずれもだいたい同じです。

①小学3年生までの漢字（20点）

②語句の知識問題（20点）
③文章読解（110点）

漢字知識は、小学3年生までに習う漢字ができていればいいでしょう。ただし、3年生までに習う範囲の漢字であれば、上の学年で習う読み方も出題されるので、音読みと訓読みの両方を学習しておきましょう。同音異義語などもよく出題されます。

文章読解は、ＳＡＰＩＸでは２５００字程度の長めの物語文と説明文が１題ずつという構成になっています。小学校の教科書では、四谷大塚では物語度の文章を何回かの授業に分けて読みますが、入塾テストでは２５００字程度の文章を一気に読み進めていかなければなりません。

また、小学校の国語の授業では、「あなた」や「みんな」の意見を聞くことが多いと思いますが、**入塾テストでは「なぜですか？」という設問に対する答え方が求められます。**

こうした文章量の多さや問われ方に慣れていないと、なかなか得点にはつながっていきません。さらに、この高度な問題を40分の制限時間内に解いていかなければならず、解くスピードも鍛えなければなりません。

入塾テストで高得点を取るためには、ひと言でいうと、**入塾テストに必要な知識を覚え、小学校のテストとは量も形式も難易度も違う入塾テストの傾向に慣れ、それをスピーディーに解く練習をすること**です。

- 漢字と言葉の知識をできるだけ増やす。学校学年の半年先を行くイメージで
- 計算トレーニングを行う。九九は万全に。筆算、暗算ともに訓練する
- 小学生新聞や本で少し長めの文章を読むようにする
- ドリルや問題集を使って、時間を計って問題を解く訓練を行う

なお、入塾テスト対策としては、私が制作・監修に関わった『中学受験 入塾テストで上位クラスに入る スタートダッシュ問題集』をおすすめさせてください。特に国語はかなり高度な内容まで扱っていますが、算数、国語ともに時間の余裕をもって取り組めば、入塾テストの合格はもちろん、入塾後の学習が楽に進められるレベルまで到達できます。

子どもを勉強嫌いにさせない3つのコツ

中学受験の勉強を進めていく上で、最も大事なことがあります。それは子どもを勉強嫌いにさせないことです。

子どもを勉強嫌いにさせないためには、次の3つがポイントです。

①親が勉強を特別視しない
②親が焦らない
③勉強の進め方そのものを教える

まず、勉強をするのは当たり前という雰囲気作りを心がけましょう。勉強とはひと言でいうと、新しい知識を得て考え学び、自分を高めていくことです。だから、本来はとても楽しいことです。

また、社会に出てからも勉強はずっと続きます。ごはんを食べる、歯を磨く、寝るといった行動と同じくらい〝当たり前〟の行為なのです。

では、どうしたら子どもにその〝当たり前〟が伝わるか。これはとても単純で、**親御さん自身が「勉強はするのが当たり前」と信じ切ればいい**のです。

お子さんが「ねぇ、なんで勉強しないとダメなの？」と聞いてきたら「えっ？ だって、毎日ごはんを食べるよね？ お風呂にも入るよね？ 勉強もするよね？」といった感じで、勉強をするのが当たり前すぎて「勉強しない」という意味がわからないという態度をとれば、子どもも「あれ？ そんなものなのかなぁ」と思うようになります。

「勉強って嫌だよね」「大変だよね」と大人がわざわざ教えなければ、子どもは勉強を楽しめるのです。

次に「親が焦らない」。

中学受験の勉強が始まると、毎月のテストの成績によってクラスや席順が決まるため、どんな親御さんでも子どもの成績にがっくりしたり、焦ってしまったりすることがあるでしょう。でも、この時期の子どもは成長差が大きいので、成長が追いつけば解決できることもたくさんあります。ですから、親御さんは必要以上に焦らないことです。

そして、**最も大切なのが「勉強の進め方そのものを教える」**です。お子さんが自分で勉強をしていける、そのやり方さえ身につけてしまえば、あとが本当にラクです、伸びます。最初は宿題の進め方もわからないでしょうから、一緒にやってあげましょう。

1. 宿題内容の確認
   どんな宿題が出されているのか、内容や量を一緒に確認します。
   ⇓
2. 宿題を進めるために必要なものの準備
   テキスト、ノート、プリント、辞書、筆記用具など、宿題に必要なものを準備します。
   ⇓
3. 見通しチェック
   宿題全体をざっと見させて「どう？　できそう？」「どれぐらい時間がかかりそう？」など問いかけて、お子さん自身に宿題を終えるまでの見通しを考えさせます。正確でなくて構いません。子どもなりに見通しを立
   ⇓

てようとすることが重要です。

4．解く&相談

問題を解かせていきます。その際「わからなくなったら、すぐに声をかけてね」と約束しておきます。横にべったりはりついて、箸の上げ下げまで口出しするような形での宿題手伝いは、子ども自身の自立した学力育てには逆効果ですから、できるだけ本人自身に進めさせます。ただ、わからないまま止まってしまったり、あきらめたりさせたくはないですから、困ったときにすぐ親がフォローに入れるように、「声をかけてね」と教えるのです。

そして子どもが困って声をかけてきたら**「今、どこまでは、わかっているのかな？」「どこからが難しく感じるのかな？」と子どもに問いかけます。**最初から全くわからないのであれば、一から教え直しが必要ですから、テキストと授業ノートを一緒に開いて単元の勉強をやり直します。

途中まではわかっているなら「ここまではわかっているんだね」と、ゼロの状態ではないから「大丈夫だよ」と、まずは安心感を渡してあげます。そこから少しずつ「じゃあ、この問題をちょっとやってみようか」と、子どもの様子を見ながら続きに取り組ませます。進み出したらまた「困ったら声をかけてね」と言って、その場を離れます。

そうやって、**わかることを少しずつ増やしていけば、勉強は進められるのだということを身につけていくのです。**

子どもの勉強がうまくいかなかったり、テストで思うような点が取れなかったりしたときは、「あれ？　不思議だね。この前は、これに似た問題を解けていたよね。何か原因があるはずだから、一緒に考えてみよう」という姿勢で一緒に考えてあげましょう。そうやって、間違えた原因を探り、次に正解させ「ほ～ら、やっぱりできたでしょ？」と子どもに自信を持たせてあげましょう。

一番よくないのは、努力不足と決めつけて叱ることです。うまくいかないことには必ず原因があって、その原因を解決していけば進めていくことができる。だからあとはやるだけ、というマインドを渡していきたいですね。

「親が勉強を特別視しない」「親が焦らない」「勉強の進め方そのものを教える」。この3

つを押さえておけば、子どもは勉強嫌いにはなりません。

中学受験の3年間はこんな生活になる

さて中学受験の勉強が始まると、どんな生活になるのでしょうか？

大手進学塾の授業は、1クラス15～30人の集団クラスで、各塾のオリジナルテキストを使って進めていきます。クラスの数は塾の校舎によってさまざまですが、共通しているのは、テストの成績順でクラス分けがされるということです。

大手進学塾では、4～6年生の3年間のカリキュラムがほぼ固定されています。日能研を例に挙げて見ていきましょう。

日能研の4年生の時間割は、平日の通塾が週2日×2コマです。1回の授業は70分で休憩が10分、トータル2時間半です。4年生のうちは、基礎的な内容を学習します。

小学校の授業と比べると難度は高めですが、**夏休みぐらいまでは比較的ゆっくりしたペースで進み、塾に慣れることが優先されます。**

授業後には必ず宿題が出され、2週ごとに単元知識の理解度と定着度を測る「カリキュラムテスト（通称カリテ）」が実施されます。そして月に一度「公開模試」で、これまで学習した範囲のテストが実施されます。クラス分けは、公開とカリテの成績を総合判断して、2ヶ月に一度行われます。また、夏休みなど長期休暇になると、春期講習、夏期講習、冬期講習といった特別な講習期間があります。

5年生になると、平日の通塾は週3日×70分授業が2コマまたは3コマになり、学習量が大幅に増えます。**その量は4年生の1・5倍**です。最終的に6年生の夏までに、中学受験に必要な学習範囲（社会の「公民」を除く）をほぼ全部終わらせるためには、学年が上がるにつれて量とスピードをアップさせていく必要があるからです。

なお、カリテは2週に一度、公開模試は月に一度というのは小4と変わりません。SAPIXや四谷大塚では、小5の終わりまでに入試で必要な主要単元を終わらせるカリキュラムになっていますから、さらにハードな学習となります。

話を戻して5年生になると、授業の中身が4年生からの基礎の積み重ねに加え、応用学習に入っていきます。単に覚えたらできるというものではなく、順を追って考える必要があったり、視点を変えて考えたりと、**判断力や思考力が求められるようになります。**学習量が増える上に、内容も難しくなる。多くのご家庭が「中学受験は大変！」と感じるのもこの時期からです。

6年生になると「これぞ中学受験生」といわんばかりに、ハードな生活になります。平日と土曜で授業週3日×70分授業3〜5コマ、日曜日は、入試特訓講座が朝から夕方まで実施されます。カリテも毎週となりますし、模試の数も増えていきます。

6年生になると、新たに習う単元に加えて5年生までに習った内容やその発展問題の演習も繰り返します。9月からは、志望校の過去問にも取り組みます。**学習量は5年生の1・5〜2倍に跳ね上がり、受験勉強一色の生活になります。**

特に日能研は小4がややゆっくりとしたペースで進む分、小6の学習負担は小4時点の4〜5倍ぐらいの体感値です。より進度の速い塾では、この負担が小4、小5時点でのしかかってくるということです。

このように、中学受験の勉強は学年が上がるごとにハードになります。そのための対策はのちほどお話ししますが、まずここでは「中学受験が始まると、こんな生活になる」

ということをイメージしておいてくださいね。

受験勉強をスムーズに進める学習サイクル

中学受験を成功させる秘訣としてぜひ知っておいていただきたいのが、139ページに挙げた**「学習サイクル」に沿って勉強を進めていく**ことです。

このサイクルは、1週間の学習の流れ全体を表しています。この流れがスムーズに回るようであれば、学力もぐんぐん伸びていきます。

逆にこのサイクルがうまくいかず、流れが止まってしまうと、たくさん勉強をしているのに成績が上がらないという状態になってしまいます。でも、問題点をピンポイントで見つけ出し、その部分を改善していけば、再び流れがスムーズになり、成績も上がり始めていきます。

各ステップについて、簡単に説明をしましょう。それぞれの項目について具体的に理解するため、塾通いしている小5以上用のチェックリストもつけておきます。

【目的】は、1週間の目標を持つことです。お子さんと相談をしながら、今週はどの単元ができるようになりたいか、どんな力をつけたいかを明確にしておきます。

□3ヶ月後にできるようになっていたい目標を決める
□1ヶ月後にできるようになっていたい目標を決める
□来週できていたいことを決める

【準備】は、前回塾でどんな授業を受けたかを思い出し、カリキュラム表やテキストを軽く見て、「次の授業ではこんなことをやるんだな」と意識を向けます。

□次の授業テーマが何か確認する
□前回の授業を思い出す
□宿題を見直す

【授業】については、お子さんに詳しく聞いて状況を把握します。**テキストやプリントはどう使われ、先生は黒板にどんなことを書き、何を強調して言っていたかなどをヒアリングします。**授業のどこまでよくわかり、どこからわかりづらくなっているかを確認

学力アップにつながる学習サイクル

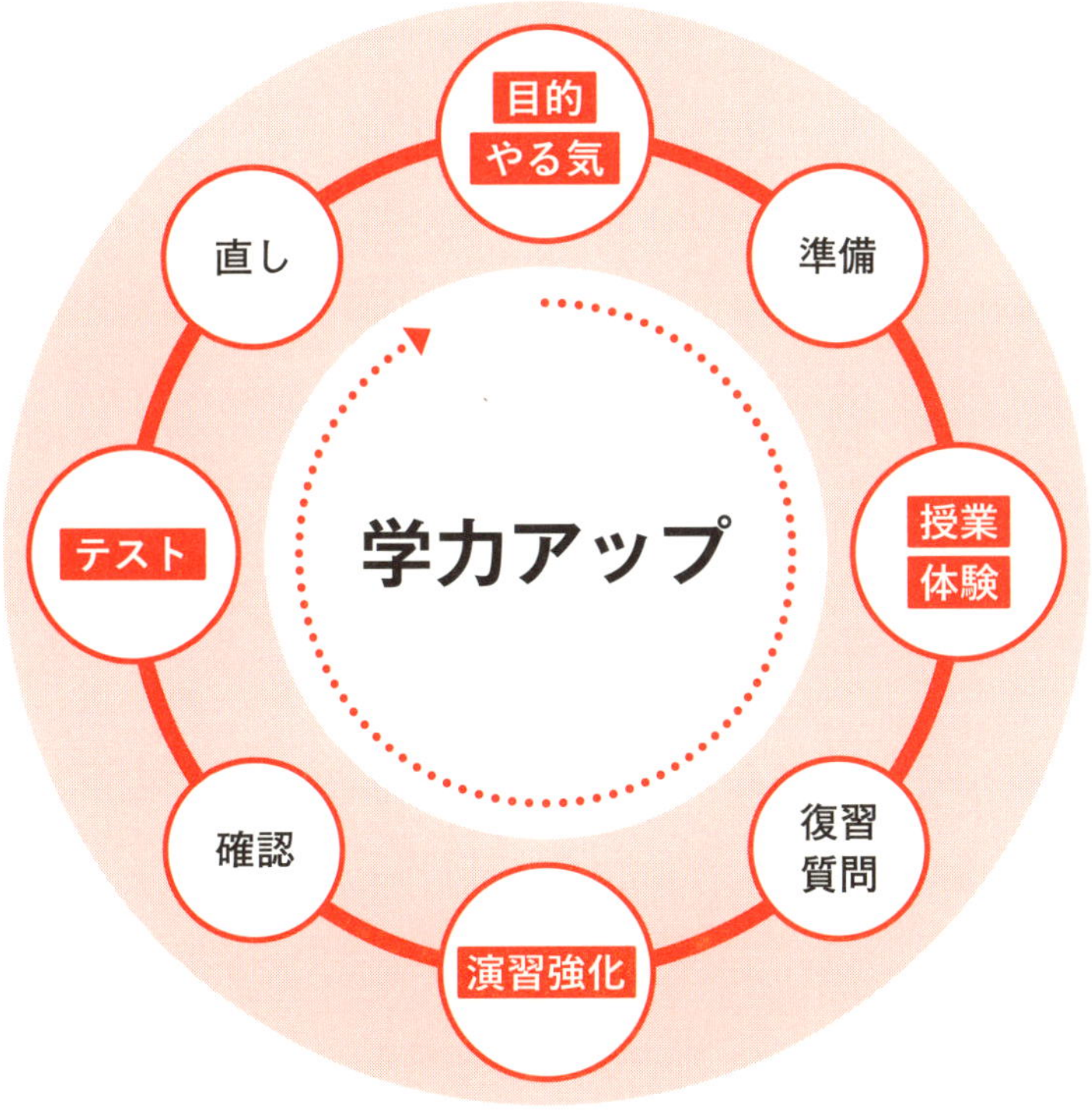

しておきます。

□先生の解説をメモする
□わからない問題に×マーク
□ばっちりわかったものは○マーク
□あやふやなものは△マーク
□授業が終わったら、すぐにテキストとノートをパラパラめくって、今やったことを思い出す

【復習】は、授業で習ったことを振り返って理解することです。**授業が終わった直後にテキストとノートを見直すだけでも、効果があります。**

（塾で）
□先生をつかまえて、△マークを質問
□先生をつかまえて、×マークもできなければダメかを確認

（帰宅後）
□テキストとノートを開いて、授業風景を頭の中でビデオを再生するイメージで思い出

す

□なぜ、その解き方をするのだろうかと考える

【演習】は、理解したことを使って問題を解くことです。**理解度の確認、重要知識を頭に刻み込む、解くスピードを上げる、この3つが目的です。**塾の宿題は、まさにこの「演習」のための材料です。

□△マークの類題を優先的に解いていく
□授業で習ったことをどう使えばいいのか考えながら解く
□気をつけたいことをメモする

【確認】は、演習で気づいたことを整理して次につなげるものです。大事なことを押さえた上で、テストに臨みます。つまり、ここのステップはいわゆる「テスト勉強」につながります。

□解き方、知識を覚えているか、再確認
□自分が間違いやすい問題や知識のポイントチェック

□学習単元の解説や例題に戻って、重要ポイントを押さえ直す
□速さ、正確性を高めるのにできそうな工夫を考える
□前回のテストを見直して、出題イメージをつかむ

【テスト】は、「確認」の一環です。できているところ、できていないところを点検し、できているところはほめ、できていないところについては、ここまでの学習サイクルのどのステップに問題があるのかを確認し、修正方法を考えます。

「テストは努力をほめてくれるもの」と理解すると、テストが楽しくなってきます。

□今回のテストは、特に何を意識するのか方針を決めておく
□どの問題で得点するか、選ぶようにする
□自分のいつもの解答ペースを崩さずに解き進める

【直し】は、テストでできなかった問題を解き直すだけではなく、テストの結果で気づいた学習上の問題点を改善することも指します。そして、それが次の週の【目的】へとつながっていきます。

□何ができているかを確認する
□できるはずなのに間違えた問題は、次どうすれば正解できるか対策を立てる
□今すぐできるようになるのは難しい問題については、「あとでやる」ファイルにコピーを入れておく

塾通いがスタートしたら、**まず親御さんにやっていただきたいのが、授業の振り返りを手伝うこと**です。時間がなければ5分でも構いません。「今日の授業はどんなことを習ったの？」「先生はどういうふうに教えてくれたの？」と、授業の様子をお子さんから教えてもらいましょう。

その際ポイントとして、「何を習ってきて、何がわからなかったか」を子どもに聞くよりも先に、**「どんな先生で、どんな話し方をして、1回の授業が60分ならどういう使い方をする先生か」をつかむ**ことです。お子さんが受けている授業の特徴や時間の使い方をヒアリングするのです。

144ページの表を埋めていくイメージで行いましょう。

「授業が始まって最初の5分で先生は何を話してくれたの？　生徒は何をするの？」

「その後15分ぐらいまでは、どんなことをしたの？　先生は何をしたの？」

と、いった感じで順にお子さんに質問して、思い出せる範囲で聞き取ってメモを書き入れていきます。

すると、授業の最初10分ぐらいは先生がその日の単元解説を行って、それから子どもたちに10分から15分ぐらい時間を渡して、テキストの問題を自分で解かせる、その後に解説を行って、また次の問題を解かせて、解説して、宿題の指示をして終わり、という授業なんだなといったことがわかってきます。

授業の特徴や時間の使い方のヒアリング表

時間	先生がしたこと	自分や周りがしたこと
0～5分		
5～15分		
15～30分		
30～45分		
45～55分		
55～60分		

入塾したてのとき、クラスが変わったり担当の先生が変わったとき、学年が上がったときなど、節目節目でこの先生把握の質問を行います。それがわかると、次の授業はどのように受けると理解が深まりやすいか親子で話し合えますし、どんな準備をすればいいのかも考えられます。

そうやって、お子さんが授業に参加しやすいように親御さんが研究すると、「学習サイクル」が回りやすくなります。なぜそこまでするのかというと、**「学習サイクル」で最も重要になるのが「授業」**だからです。ここで理解できると、サイクルがスムーズに流れていきます。

次に習ったことを振り返り、それから宿題に入ります。この振り返りが「復習」です。ところが、子どもたちのほとんどは、「復習」と「宿題」の区別がついていません。小学校の宿題は、授業の振り返りをしなくてもできてしまうことが多いので、「復習のやり方」というものを知らないのが普通です。それで、授業が終わったら、すぐに宿題に取りかかろうとします。親御さんもそうさせる方が多いですね。

「復習」は先の問いかけのように、授業の内容を聞くことで効果が高まります。

そのときに、ただ「何を習ったの？」と学習内容を聞くだけではなく、「今日は先生、どんな面白い話をしてくれたの？」「そのときのクラスの子の反応はどうだったの？」など授業の様子も詳しく聞いてみます。すると、子どもの意識の中に授業中のことが再現されてきます。

こうして**「思い出してきたな」というタイミングで、「今日、習った中で先生は何が一番大事って言っていた？」と知識の確認に入っていきます。**そうすると、子どもは自分の「体験」として授業の振り返りができ、腑に落ちる理解につながります。その上で、理解したことを使って解く「宿題」のステップへと入っていきます。

なお、親子の関係がどの程度良好かによっても違ってくるのですが、子どもが塾から帰ってきていきなり前述のような問いかけをしても、「えー、面倒くさい」「わかっているから大丈夫だって」などと、答えてくれないことも十分に考えられます。それを防ぐには、ちょっとしたコツがあります。

お子さんが塾に行く前に、または当日の朝の時点で**「今日塾から帰ってきたら、授業中で面白かったことをお母さんに3つ教えてね」と頼んでおく**のです。「塾の様子を教えてくれたら、お母さんも安心できるから、あなたにあれこれ口出しするのも減らせると思うし」と、本人にとってのメリットを付け加えておくのもいいですね。

先に頼んでおくと、お子さんも「帰ったら3つ話すんだったな」と頭にありますから、授業中に「ネタ」を拾い出しておけます。**子どもにしても、答える準備ができていればそれほど面倒がらずに済む**のです。

意識して授業を聞くので、理解度も深まるという効果もありますから、先に頼んでおく作戦はおすすめですよ。

塾の煽り文句に流されない

大手進学塾のカリキュラムは、長年の経験や実績を積み重ねて今に至るため、それに沿って進めていけば、受験に必要な内容をモレなく勉強できるという心強さがあります。ただ、塾も企業ですから、生徒数を確保するためにある程度の〝仕掛け〟を用意しています。それが、塾が発信するキャッチフレーズです。

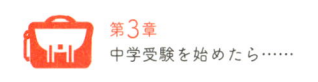

「中学受験のスタートは3年生の2月から」

今ではそれが一般的になっていますが、関西の塾では昔は3月入塾でした。なぜなら当時の関西中学入試は、入試日が3月だったからです。つまり、中学受験塾の年度スタート月は、入試日との関係で決まっているのですね。入試が終わると小6生がごそっと抜けて講師の手も空きますから、そこから新年度を開始するのが合理的なのです。

ここから読み取ってほしいことは、**「小3の2月スタートが絶対ではない」**ということです。塾にとっては標準プランではあるけれど、塾学習のスタートはお子さんの事情に応じてカスタマイズして構いません。

その後も「中学受験は5年生が勝負」「5年生の夏は転塾のラストチャンス」「6年生の夏は受験の天王山」といったフレーズが次々と投げかけられます。そのたびに多くの親御さんは気持ちを乱され、「今、ここで食らいつかなければあとがない！」と思い込んでしまいます。

焦ってしまうのが普通です。だって、塾が不安を煽るように言葉を選んでいるからです。もし塾が、保護者が安心して、落ち着いて考えられるようにメッセージを出すとどうでしょう？　落ち着いて考えるのですから、保護者は必要かどうかを吟味しますよね。考えるのに時間がかかりますし、挙句に「やっぱり受講はやめておこう」「入塾はまだいいかな」という判断も出てきます。

一方、不安を煽るとどうでしょう。もともと関心が薄かった人は離れていくでしょうが、受験意欲のある家庭は慌てて申し込んでくれます。早く決まる、たくさん決まる。そういうことです。

親としては、塾が発信してくる煽りメッセージの中から重要情報はキャッチしつつ、煽りの部分は取り除いて感情は乱さないようにする、というつきあいをしたいものです。先ほどの煽りメッセージをお役立ち情報に変換すると、こんな感じです。

「中学受験は5年生が勝負」
5年生の学習を大事にしよう。6年生の学習へのつながりを意識して取り組もう。
4年生の内容があやふやなら、今のうちに固め直して5年生の学習につなげよう。

「5年生の夏は転塾のラストチャンス」

5年の夏までは、転塾で迷うチャンスがある。

5年の夏を過ぎて転塾はやめておこうと思ったなら、今の塾で迷わずやればいい。

5年の夏までの学習は各塾とも土台固めで共通しているということだから、これからの応用が利く。


「6年生の夏は受験の天王山」

6年の夏は受験のことを考えて、何を優先するのか判断していくのが正しい。

ほかの子も、結局は6年の夏になってようやく必死になり始めるようだ。


塾が煽りメッセージを投げかけることにも、意味があります。ところどころで発破をかけることで、集中力を切らさないようにしたり、中学受験をあきらめさせないようにしたりしているとも言えるからです。

確かに、5年生の学習はとても重要ですし、6年生の夏休みは受験に集中できる最後の長期休みです。でも、もしそこでうまくいかなかったとしても、終わりというわけではありません。最終的に結果が出るのは、その半年先の入試本番です。当日の体調やメンタルまで考えて、本人中心に最善を尽くしていくのですから、一律に語れるものではありません。

ですから、塾がこういった煽り文句をふっかけてきても、**煽り部分は横に置いて、役立つ情報として活用するスタンス**でいてください。「ああ、そういうからには根拠もあるんだろうな。どういうことなのか、今度、教室長の先生に質問してみよう」「うちの子の場合、外せないものが何で、削ってもいいものは何か考えることにしよう」と。

ちなみにわが家は、塾をかなり自由に使わせてもらいました。

まず塾選びは、駿台浜学園をチョイス。選択の理由は大きく三つです。

一つ目は、東京在住ではあるものの灘中の受験も視野に入れていたこと。二つ目は、「飛び級」の制度があって、学力が基準に達していれば1学年上のクラスに入れること。三つ目は、WEB授業が使えたり、講座を単科で受けられたりと、柔軟な受講ができることでした。

最初は算数の特訓講座だけの受講で、塾に行くのは月に2回だけ。学校学年は2年生でしたが、塾は3年生のクラスに入れてもらう形です。合わせて月一度の公開テストを受けることで、全体の中での位置づけと、科目ごとの定着度合いをチェック。

しかし4年生内容に入って数ヶ月経つと、理科や国語など塾授業として受けていない科目はさすがにテストで点数が取れないことがはっきりしてきたので、WEBでの授業を1科目ずつ段階的に追加。WEB授業は視聴する時間帯を選びませんし、2回に分けて見ることもできますから、小学校に行く前の朝学習で塾の授業は完了させるスタイルで、夕方以降はあまり勉強しなくていい生活を維持。

この時点で、まだ塾へのスクーリングは週1回の算数特訓講座と月1回のテストのみです。

そして、本人が5年生になって（塾授業は小6内容）体力も少しついてきたのと、本人が親に干渉されたくないという感情がはっきりと出るようになってきたタイミングで、ようやく通常講座もWEB授業からスクーリングへ切り替えました。

長期休みの講習会については、入塾時から小6の春までずっと受講せず、受験学年の夏期講習と冬期講習の2回だけ参加して受験終了です。

塾からするとなんともわがままな生徒でしたが、問題視されることもなく、むしろ好意的に応援していただきました。子どものタイプを踏まえたわが家の子育てビジョンを、早いうちから説明して理解してもらっていたこと、塾に送り迎えにいくたびに意識的にコミュニケーションを取って、事務の方と何人かの先生を味方につけたことがよかったのだと思います。

私の場合は専門家ですからかなり大胆なことができたとも言えますが、**子育てビジョンと塾理解とを合わせていくと、どなたも塾をより適切に使えるようになる**と思います。

「『6年生の夏休みは受験の天王山』なんて言っているけれど、うちはうちのペースでやらせてもらうわ。だって今、頑張りすぎると、あの子が途中で疲れちゃうもの」と、目の前にいるお子さんの様子を見ながら〝わが家軸〟を持って進めてください。

「塾のテキストはムダだらけ」と言い切っていい理由

中学受験を経験された親御さんに、ぜひ今の塾テキストを見てもらいたいと思います。

親御さんが小学生だったころ、塾のテキストはここまで分厚かったでしょうか？　ここまで難問が出されたでしょうか？

おそらくざっと眺めるだけでも、当時のテキストの内容と今のテキストの内容が、大きく違っていることに気づいていただけると思います。

塾のテキストが年々分厚くなり、難度が上がっているのには理由があります。それは、中学受験塾と謳っている以上、ヌケがあってはいけないからです。

「入試は学校からのラブレター」とよく言われますが、各学校では「こんな素養を持った子に来てほしい」という思いを込めて、入試問題を作成しています。学校ごとに求める像は異なりますから、問題にも特色が出ます。難易度もそれぞれですし、重点的に出題される単元も異なっています。

入試が終わると、塾は今年の入試問題を分析し、新たなスタイルの問題をテキストに載せ、翌年の授業で指導します。そうやって、入試に向けて万全に備えることが塾の使命だからです。「他塾では的中したのに、自分のところでは全く扱っていない問題が出た」なんてことにならないように、問題のバリエーションが変われば対策を立てます。

すると、翌年の入試では、塾で万全な対策を取ってきた子が合格をします。でも、学校はテクニックを駆使した子を望んでいるわけではありません。そこで、次の入試ではまた知恵を絞って新しいタイプの問題を作成します。

この〝いたちごっこ〟のおかげで、塾のテキストは年々分厚くなっていき、子どもたちの勉強量や宿題量は増えていく一方というのは、構造的な問題です。

私の感覚で言えば、**中堅校を目指す子であれば、テキストに載っている問題の半分ができていれば、合格ラインはクリアできます。**でも、塾はモレなく指導することが前提。そのため、必要以上に勉強することになり、親子でヘトヘトになってしまうのです。

力量の高い塾の先生なら、担当クラスの生徒の理解状況と志望校合格への必要性を総合判断して、テキストの問題を取捨選択してアドバイスしてくれるので、無駄はかなり軽減されます。もともと塾のテキスト自体が、講師が上手に使いこなすことを前提に作られてきています。

しかし近年の個別指導塾、少人数塾ブームと、学生が塾講師バイトを敬遠するようになったことが重なって、塾業界が慢性的な講師不足に陥ってしまいました。テキストを使いこなせる先生に出会える確率が、ぐっと下がってしまったのです。

そこで**大事になってくるのが、必要なものを絞る視点**です。塾にはあまり期待できませんので、家庭で進めていくことになります。

宿題のやるべき選択ポイント

ただ実際には、「与えられたものは全部やらせないと落ち着かない」「私の選択ミスで取り返しのつかないことになってしまったら……」と不安に思う親御さんが大半です。まずは、その考えを取り払うことが第一関門かもしれませんね。

安心してください。どんなに優秀でも、**全部をやりきって入試に臨む子はいません。**

また、**やるべきことと、やらなくていいことの取捨選択は家庭でやるものとお伝えしていますが、完璧な選択ができる親御さんもいません。**正直なところ、塾の先生ですら難しいのです。

多くの子の場合、宿題の量が増え、勉強がうまく回らなくなるのが5年生に入ってからです。

5年生になると、学習量が4年生の1・5倍に増えます。授業の内容も4年生の基礎学習から応用学習に変わり、算数なら「割合」や「速さ」といった中学入試の重要単元を学習するようになります。これらの単元は、抽象概念の理解が必要になるため、脳の成長タイミングがまだ来ていない子どもにとっては非常に難しい内容です。

学習量が増える上に、内容の難度が上がる。**すべての宿題をやることは、多くの子にとって難しくなってきます。**

そこで必要になるのが、宿題の取捨選択です。**選択の基準はお子さんの理解度**になります。テキストの問題をお子さんと順に見ていき、**「ばっちりわかっているところ」「まずまずわかっているところ」「全然わからないところ」に分けます。**子どもの感覚ベースで構いません。それぞれ「○」「△」「×」の記号を振って、仕分けをします。

これで取り組む優先順位が決まります。「ばっちりわかっているところ」の宿題は後回しで大丈夫です。また、「全然わからないところ」も、とりあえず保留にしておきます。

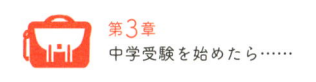

今はどうしても理解できなくても、あとで同じ単元が出てきたときには理解できるというのは、よくあること。なぜなら、子どもの成熟度によって理解できる時期が違ってくるからです。

やるべき宿題は、「△」の「まずまずわかっているところ」です。同じ問題や類題が出たときに、できるかもしれないし、できないかもしれないといったもの。つまり、完璧に理解ができていないところを演習で定着させ、「△」から「○」の状態にするのです。そうすれば、必ず得点は上がります。

慎重派の子の場合、「△」ばかりをつけてしまうかもしれません。その場合は、「△」を「たぶん大丈夫」と「ちょっと不安」に、さらに分けていきます。「どちらかといえばどっちかな？」と聞いていき、「ちょっと不安のほう」と言った問題は「△」を塗りつぶして「▲」にするとよいでしょう。この「▲」が学習の第一ターゲットになります。

かしこい模試結果の見方

また、テストを受けたら直し学習は必ず行ってほしいのですが、ここでも「○」「△」「×」を活用します。仕分けの基準は宿題の場合と同様で、「ばっちりわかっているところ」「まずまずわかっているところ」「全然わからないところ」です。直しをするのは「△」ですね。

さらに、正答率表を使います。**まずは達成基準を決める**ようにしましょう。

例えば「得意科目の算数は、正答率40%以上の問題は、すべて正解することを目指す」「理科は苦手だから、正答率60%以上は全問正解を目指す」といったものです。そして、基準をクリアできていない問題も直しの対象に入れていきます。

テスト直しというと、間違った問題をすべて解き直そうとしてしまう方も多いのですが、それは時間的に余力があったり、本人が意欲的だというとき以外はおすすめしません。どうしても、学習効率が悪くなるからです。

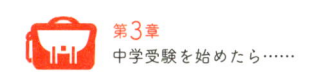

テスト直しをするときは、テスト・テキスト・授業ノート・宿題ノート・配布されたプリントを準備して、テストとテキストなどを見比べながら進めていきます。

例えば、正答率が80%を超えている問題を自分は間違えていたという場合、テストと成績表だけ見ていると、「ぼくができないのに、みんなはできるんだ……」と自信を失いかねません。
ところが、テキストを見ていたら、ちょうど風邪で塾を休んだときの授業内容で、授業を受けられていたら自分も間違いなく正解できていたということがわかって、ほっと一安心ということもあります。

多くの親御さんが勘違いされているのが、模試が合格の可能性を教えてくれるものだと思っていることです。だから、よい結果が出れば喜び、悪い結果が出たら「もうダメかもしれない」と落ち込んでしまう……。

ですが、**模試は頑張ったことがどれくらいできるようになったかを点検するもの**です。

勉強したことが、きちんと「○」になっていた。これは安心ですね。やったはずなのに「×」になっている。「あれ？　これはおかしいぞ？」ですね。「おかしいぞ」ということは、何かやり方に問題がありそうだということに気づきますね。やっていないのに「○」がついている。「なぜ？　本当？」、これは疑わしいですね。

そうやって三つに仕分けをして、**やったのに「×」になっているところは、もう一度テキストやノートを振り返り、どこで間違えてしまったか原因を探ればいいのです。**

学習サイクルでご説明したように、「授業→演習（宿題）→テスト」とつながっていくものですから、**テスト直しをするということは、宿題の出来具合をチェックすることですし、授業を効果的に受けられているかをチェックする、ということにつながるのです。**

頭がよくなる授業の聞き方

それほど必死で勉強しているように見えないのに、成績がいい子がいます。逆に何時間も勉強をしているのに、成績が上がらない子がいます。両者の違いは何かといえば、授業の聞き方です。

頭がいい子は「今日はここを習うんだよな」と予測をし、受け入れる姿勢ができています。一方、たくさん勉強をしているのに、いまひとつ成績が伸び悩んでいる子は、授業が始まってからテキストを開き、先生の話に耳を向けます。

つまり、授業を受ける前の準備が違うのです。

授業前にバッチリ予習をしているかといえば、そんなことはありません。中学受験の勉強は復習が中心になるので、どんな順調な子でも予習に多くの時間を割くことはできません。違いは一つ。**テーマに関心を持って授業を聞くかどうかで、授業中に得られるものに差が出るのです。**

うまくいっている子は授業で先生の話を聞きながら、「へぇ〜、そんなやり方があるんだなぁ」と新たな知識を身につけたり、「あ、これって前に先生が言っていたあのことにつながっているんだ」「あれ？　この内容、前にお父さんの本で読んだのと似ているな。同じことを言っているのかな」といったように、自分の知識や記憶とつなぎ合わせて理解を深めたりします。そうやって、自分から聞きにいく授業参加だからポイントを逃さないし、知識が増えることは楽しいと思えるのです。

「そんなことを言われても、それができる子はいいでしょうけれど……」と感じた方へ。この授業の受け方ができるようになるいい方法を、三つご紹介します。**いずれも3ヶ月も続けると劇的に効果が上がる方法なので、ぜひ参考にしてください。**

一つ目は、お子さんと「よくできるお友達になりきるごっこ」です。「学校の友達、塾の友達で勉強がよくできる子といえば、誰がいる？」とお子さんに尋ねてください。「○君とか△さんかな」と、一人か二人は名前が挙がると思います。そうしたら、

「○君は、授業中どんなことを考えながら先生の話を聞いてそう？」

「△さんは、授業が始まる前にどんな準備をしてそうかな？」

「○君は、授業が終わったあとすぐは、どんな様子？」

「△さんが家に帰ったら、最初にどんなことをしてそう？」


と、そのよくできる子たちのことを勝手に想像するのです。「たぶん、これは大事だから覚えておこうとか、先週やったことと似ているから見直しておこう、とかかな」など、子どもなりの答えを考えさせて、「それ、真似してやってみようよ」と促します。

子どもにとって、大人の行動を真似るよりも自分と身近な友達を真似るほうがやりやすいですし、**勉強ができる子の行動や意識を具体的にイメージするだけでも、改善効果があります。**

二つ目は、「口述筆記トレーニング」です。

小学校と違って塾の授業では、先生は子どもたちが聞き取れているか、書き取れていないにお構いなく、どんどん説明を続けてしまいます。ここで注意したいのが、先生は「漢字混じりの文を話している」のに対して、授業中に先生の説明が頭に残らない子は「ひらがなだらけの文として聞いている」という点です。

漢字混じりの文として聞く、つまり意味をわかって聞くということができていないのです。

よく「授業中に先生が話したことで大事だと思ったことは、メモしておきなさい」というアドバイスが、子どもたちにされます。でも、実行できる子はごく少数です。なぜかと言えば、先生の説明をひらがなの文で聞いて、頭の中で漢字混じりの文にやっと置き換えられたころには次の話が始まっていて、メモする余裕がないからです。

この問題を解決するために、**耳から聞いた文を書くトレーニングを行う**のです。

「今からお母さんが言う文を、聞きながらノートに書いてみて。できるだけ漢字も使って書いてね」とルールを説明したら、口述スタートです。文はなんでもいいです。「今夜はカレーにしようと思うので、材料を考えていたら時間が経っていて驚いた。」などで構いません。

最初は日常的な文で始めて、慣れてきたら塾のテキスト解説を読み上げるのもよいですね。科目の用語が出てくるので、授業中の聞き取り力にも直結します。

三つ目は、「覚えて書き写しトレーニング」です。

授業が活かせていない子の多くは、黒板を写すのに時間がかかる子です。丁寧すぎるから、意識が散漫だから、など要因はいろいろありますが、共通しているのは「一目見て覚えられる文字数が少ない」という点です。

黒板を見る→ノートに2文字書く→また黒板を見る→ノートに3文字書く→黒板を見る→ノートに書こうとして、気になってまた黒板を見る……と、やたらと黒板を見てばかりで手元が進まないのですね。

改善するには**「1回で7文字以上覚えて書く」**と、**一時的に覚える文字数を意識的に増やすトレーニングを重ねる**ことです。

やり方としては、国語の文章や算数の文章題を材料にして、「この2行を、見るのは5回以内で書き写してみて」と指示するだけ。少ない回数で写そうとすると、いったん頭の中に言葉を置こうとします。ワーキングメモリーと言いますが、脳の一時記憶の回路を使うわけです。この回路は意識的に使えば使うほど鍛えられていきますから、訓練していくと、一目で書き写せる文字数が増えていきます。

すると、授業中も黒板を写すペースがアップして、先生の説明を聞く余裕が生まれてきます。

また、勉強上手な子は、授業を聞きながら「いる」「いらない」の判断をします。安定して上位クラスにいる子のほとんどは、「ここは重要だから覚えておこう」「ここはもうわかっているから大丈夫」と、授業の聞き方にメリハリをつけています。

なぜそういう判断ができるのかといえば、それまでの勉強の取り組みの中で「これはもう大丈夫」「ここは自信がないからもう1回やっておこう」と、学習の取捨選択をする習慣が身についているからです。

その習慣をどうやってつければいいかというと、先ほど説明した「○」「△」「×」での優先順位づけです。毎週、**宿題を行う際に自分の理解度を確認して、優先的に取り組**

みたい問題を選ぶようにしてきた子は、授業中も同じように自分の理解度を意識しながら、目の前の問題を見ることができるようになっていきます。

すると6年生になるころには、「これはもう流しても大丈夫」「ここは絶対に聞いておかなければまずいから、集中して聞こう」といったように、授業中に仕分けができるようになります。

テーマに関心を持って授業に参加するから大事なポイントが頭の中に残るし、自分の理解度が仕分けできているから、宿題も何を優先的にやればいいのかがわかる。結果としてテストの点数もいいし、よい学習サイクルが回っていくのです。

塾を休んでしまったときの対処法

大手進学塾では年間の学習カリキュラムが決められているため、1回の授業で一つの単元を習うというのが基本です。ただ、単元によっては、基本から応用へと複数回に渡って行うものもあります。例えば、「立体図形」や「規則性」などがそうです。前回習ったところは、すでに理解していることを前提に進められていくので、次の授業で振り返りはしません。

そのため、塾の授業を休むことはリスクになることもあります。

だからといって、具合が悪いのに無理に行かせる必要はありませんよ。授業を休んでしまったときは、その抜けた授業内容と宿題について、その週のうちに補えることと、翌週以降のどこかの日で補いたいことと仕分けるようにします。

お母さん、お父さんも忙しいと思いますが、その日の授業で配布されたプリントや宿題指示などは、早めに入手しておきたいですね。急ぎ取り組む必要のある学習メニューは何かを決めるためにも、授業情報は必要です。


注意したいのは、カリキュラム上、ある重要単元の第1回目の授業が抜けてしまった場合です。基礎となる部分を習っていないと、その後もずっとわからないという状態になってしまいかねません。

特に、算数や理科はその影響を受けやすいので、復習でビデオが観られるのであれば観ておくなり、塾で個別フォローをしてもらったりするなど、次の週の授業を受けるまでに、できる限り単元理解を進めるようにしてください。

一方、応用問題や演習問題を中心とした授業の場合は、時間の許す範囲で問題に取り組むようにすれば大丈夫です。単元の基本理解さえできていれば、演習はあとでもできるからです。

子どもが「勉強したくない」5つの理由

中学受験の準備期間は3年間と長期戦です。もし、受験を選択しなければ、のびのびと過ごせたはずの小学生時代。遊びたい盛りの子どもですから「勉強をしたくない」と言い出すこともあるかもしれませんね。そんなときは、どうすればいいでしょう?

もちろん、頭ごなしに叱ったり「勉強をしなかったら、あとでひどい目に遭うよ!」などと脅したりするのはやめてください。子どもが自ら伸びようとする力を、根こそぎ奪ってしまいかねませんから。引きずるようにして勉強させるのも、もちろん避けます。親としてモヤモヤ、ヤキモキしたとしても、勉強をするのは本人ですから、本人の気持ちをつかむ以外に状況は変えられません。

ですから、子どもが「勉強をしたくない」と言ってきたら、まずはその理由を聞いてみましょう。

勉強したくない気持ちの裏には、主に次の5つの理由が隠されています。

①勉強に対して嫌な思いや不安を抱いている
②勉強をすることに意味を感じない
③ほかにやりたいことがある
④親の言うことを聞きたくない
⑤よくわからないけれど、やる気が出ない

①の「勉強に対して嫌な思いや不安を抱いている」は、これまでにテストの結果が悪かったときに、塾の先生やお母さんに一方的に怒られて嫌だったとか、いくら頑張っても成績が上がらなくてどうしていいのかわからないといった状態です。

このように**「嫌な感情」が生じている場合は、まずはどんな嫌なことがあったのか、本**

人の痛みを聞いて寄り添うことが第一です。

もし親御さんのひと言で傷つけてしまったのなら、「お母さんがひどいこと言って、嫌な思いをさせてごめんね」と素直に謝って、「もうそんなことは言わないからね」というメッセージを渡して安心させてあげましょう。

「次のテストも、できる気がしない」と自信をなくしていたら、今どこまでがわかっていて、どこからわからなくなっているのかを聞き、塾の先生に相談をしてみます。

そして先生からもらったアドバイスをもとに「とりあえず○○してみたらいいんだって」「あと○○を覚えておけば、もう解けるよって言ってもらえたよ」などと、できる理由を渡してあげます。

- すぐに、わかるようにならなくてもいいんだ
- 困ったときには、何か手があるものだ
- 一人で抱え込まなくていいんだ
- お母さんとお父さんは、自分の味方なんだ

と、お子さんが思ってくれることが大切です。

そうやって、まずは不安や痛みから抜け出せるように手伝ってあげましょう。

②の「勉強をすることに意味を感じない」は、ここまで受験勉強をしてきたけれど、勉強に対して違和感を抱くようになったり、受験に対して自分にやる必要があるのかと疑問に感じたりと、本人がモヤモヤしている状態です。

私が実際にご相談を受けたケースですが、かわいがっていたペットが死んだショックから、勉強意欲をなくしてしまった小5の女の子がいました。「あんなにかわいがっていたのに死んじゃうんだから、勉強だってどうせ頑張ったって消えちゃうんでしょ」と。「どうせ意味ないもん」と言うのです。これも、モヤモヤしている状態の一種です。

親御さんからすると、「あら、困ったわ。どうしたらいいのかしら？」とオロオロしてしまいそうになりますが、これは自分というものを考え始めた成長の証し。

ここは一つ冷静になって、「そんなことを考えていたんだね」と、お子さんの成長を認めてあげられるといいですね。その上で「ちょっと一緒に考えてみようか」と、お子さんの心の内を聞いてみます。なんだかよくわからないけれど、モヤモヤしている子の例で見てみましょう。

親：「いつからそんなふうに思うようになったの？」
子：「わかんない」
親：「夏休み前？　それともあと？」
子：「夏休み……、あとくらいかなぁ～」
親：「そのころ、どんなことがあったのかな？　覚えていない？」

といった具合に丁寧に聞いてあげます。すると「友達とクラスが変わって、成績がいい子だけで先に帰るようになった」とか、「塾の先生が僕にだけきつく注意をする」とか、なにかしらきっかけとなる出来事が出てきます。
「そのことでどんなふうに思ったの？」と聞いてあげると、子どもなりの思いを教えてくれると思いますので、まずはその気持ちを受け止め、そこから一緒に解決策を考えてあげましょう。

「そうか、それはつらかったね。その気持ち、お母さんもわかるよ。ただ、それと勉強はもうしないというのは、ちょっと違うかもしれないと思ったけれど、どう？」「そのことと、受験をどうするかというのをつなげないほうがいいとお母さんは思ったけれど、どうかな？」といった感じで、大人としての考え、見えていることを渡します。

「そっか、自分ではできるようになっている感じがしないのね。でも、お父さんは『○○はずいぶん話し方がしっかりしてきたね。論理的に話すようになって、正直びっくりした。やっぱり国語や算数の難しい問題を勉強しているだけあって、それが生きてるんだね』って言っていたよ」と、家族が認めている声を伝えるのもいいですね。

結論は出さなくてもいい。**「そんなことを考えていたのね」と知ってあげられれば、それだけで子どもの気持ちは軽くなります。**

ちなみに先ほどのペットを失った女の子は、「コロン（犬の名前）が死んじゃったんだよね。かなちゃん（女の子）はそれで、コロンのことをもう忘れちゃうの？」と話しかけると、「まさか！　忘れるわけないじゃん！」と答えました。

「そうだよね。ずっとかなちゃんの中に残っているよね。きっとコロンもかなちゃんの気持ちを知っているよね」と話を聞きながら、お互いの時間に意味があったことを話しかけていると、「やっぱり、勉強を頑張る」と言ってくれました。

③の「ほかにやりたいことがある」は、「やりたいこと」にも二つの種類があります。

一つは「友達とゲームをやりたい」とか「弟だけ家で遊んでずるい、私も遊びたい」といった「周りが気になってのやりたい」です。こういう場合は、大人がバランスを取ってあげることが大事です。

「人は人でしょ」と切り捨ててしまうと、満たされない思いをさらにふくらませてしまうことになるので、「ゲームのチャットで友達とおしゃべりをしたいのもわかるよ。でも、全部の時間をそのために費やさなくてもいいんじゃない？　お母さんがいる夕方6〜7時の間ならいいけれど、それ以外の時間はごめんね、ってことにしようよ」と、落としどころを提案してあげられるといいですね。

もう一つは、今はこっちに気持ちが向かって仕方がないといった「本気でやりたいもの」がある場合です。受験勉強が大事なのはわかる。でも、去年、受験のためにやめてしまったダンスをやりたくて仕方がない。そういうものがあれば、本人の強い気持ちをしっかり聞いて、家族でどうするか話し合ってみましょう。

本人の気持ちはわかる。でも、本人の性格や勉強の進み具合などを考えると、ダンスも勉強もということは難しいことがはっきりしている。今は勉強を頑張ってほしいと親が迷うことなく思っているのであれば、それをお子さんに話して納得してもらうのがいいでしょう。

結論だけを押しつけられれば、子どもは反発するに決まっています。**冷静に、本人の気持ちも大事にしながら理由を説明していけば、子どもだって理解してくれます。**

または、子どもに強い気持ちがあって、親としてもそれだけの思いがあるなら応援してやりたいと思うのなら、両立の道を探ってもいいですね。中学受験ではなく高校受験を選択してもいいし、中学受験で選ぶ学校を変えてもいいでしょう。

一度話したところで結論が出るものでもないので、ここは子どもの気持ちを尊重しながら、でも親としての考えを伝え、じっくり話し合うようにしてください。

④の「親の言うことを聞きたくない」というときは、**こちらが感情的になってはアウトです。**「ああ、そうなんだ。私、嫌われちゃったわね」と、まずは**一度あるがまま受け**

止めましょう。反抗するパターンは二つあり、一つは確かに親の言動に否があった場合。「そうね、このところ私もつい感情的になって、嫌なことを言ってしまっていたわね。ごめんね、これからは気をつける」と行動を改めることで改善するパターンです。

もう一つはよくわからないけれど、親に反抗してくるケース。いわゆる反抗期の表れですね。そういうときは、「おっ、自己主張が出てきたな」とドーンと構えましょう。

ただし、これまでとは接し方を変えていく必要があります。今まではまだ幼い子どもだと思って指示をしたり、よかれと思って言っている話でも、選択肢をほぼ渡さない形で一方的に押しつけていたりしていたかもしれません。

でも、これからは大人扱いをして「お母さんは○○するのがいいと思うけれど、あなたはどう思う？」といった感じで、**子どもが自分の考えを言えるような聞き方**をしてあげられるといいですね。そういう聞き方をしてあげると、「お母さんの言うことは絶対に聞かないぞ！」という態度はだんだんとおさまっていきます。

反抗期というのは、子どもが自立したい、自分で決めたいという本能的な衝動に突き動かされる時期です。同時に、「自分で決めるのって不安だな」「一人でやるのって怖いな」と不安が一気にふくらむ時期でもあります。
「放っておいてよ！」と態度で示しながら、「放っておかれたら寂しいじゃない！　ひどいよ、お母さん！」と胸の中で感じている。だから話すことが支離滅裂だし、受け止めてもらうことが、とても大きな意味を持つのですね。

⑤の「よくわからないけれど、やる気が出ない」は、②の「なんだか嫌だ」というのとは違って、「とにかく何もしたくない」という〝嫌だ〟です。すごく疲れていたり、体調が悪かったり、自信をなくしていたり、状態が進んで少しうつ状態になっていたりする場合です。

こういうときは、**とにかく安心感を渡してあげて、体力・気力を回復させること**です。言葉で何かを伝えるよりも、**頭をなでるとか、ムギュッと抱きしめるとか、お風呂に一緒に入るとか、心に働きかけてあげてほしい**と思います。

最近、あまり笑顔が見られないなと思ったら、近所でリラックスできる場所や本人が気に入っている場所に散歩で出かけて、リフレッシュする機会を作るといいでしょう。そうやって気分を変えてあげることで、改善することもあります。

一つ気をつけてほしいのは、本人の体と心のエネルギーが下がってしまっているようなときには、いきなり旅行に出かけたり、テーマパークに連れて行ったりするのは、やめたほうがいいということです。よかれと思って連れ出しても、本人にとってはかえってストレスになることがあるからです。環境の激変はエネルギーを使うものだということは、知っておきましょう。

「なんで勉強しなきゃいけないの？」と聞かれたら

勉強することが当たり前になってきてはいても、子どもから「なんで勉強をしなければいけないの？」と聞かれることがあると思います。そういうときに、うまく答えてあげられる自信がないこともあって、「なんでもいいからやらないといけないの！」という言い方になってしまう。よくある話です。が、子どももこれでは困ってしまいます。

例えば「なんで漢字を覚えなきゃいけないの？　だって、パソコンで変換すれば出てくるでしょ？」と子どもが聞いてきたとします。

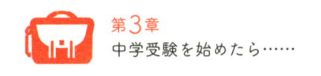

あなたならどう答えますか？

答えはいろいろあって構いません。

私なら、「確かに、その漢字を印刷して渡すってだけならそれでもいいかもね」と、**まずは子どもの考えに共感**します。そして、**子どもの理解力や性格に合わせて話す内容を選んでいきます。**

考えるのが好きな子なら、「でも、漢字は勉強するほうがいいって考えている人のほうが多いよね。なんでだろうね？」と、逆に本人に考えてもらう問いかけをしてみます。

「う～ん、漢字には歴史があって、意味があるよね。本を読んでいると、漢字を上手に使いこなしている人の文章はカッコイイし、漢字を使うことによって深い意味が伝わってきて、読み手の感じ方も違ってくるよね。だいたい日本人ぐらい漢字をうまく使いこなしている民族はいなくて、それを放棄するのは、お母さんはすごくもったいないと思うな」と、自分なりの考えを伝えてあげるのでもいいですね。

内容が正しいかどうかは気にする必要ありません。こうやって**親子で一緒に考えることが大事**だと思います。

そして私が親御さんに、心の根っこにしっかりと持っていてほしいと願うのは、「私はあなたの成長と幸せを願っている」「勉強することはあなたを幸せにしてくれる」という子どもに向けた信念です。

塾とうまくつきあうには

中学受験の勉強を進めていく上で、塾はとても大切な存在です。本書ではここまで、塾というところは、勉強は教えてくれるけれど、家庭学習の進め方までは教えてくれないといったことをお伝えしてきたため、「塾って冷たいなあ」と感じた方もいらっしゃるかもしれません。

確かに塾は小学校とは違って、生徒一人ひとりをじっくり見てはくれません。だからといって、しらんぷりというわけでもありません。塾講師を仕事に選ぶ人は、そもそも人の役に立ちたいというタイプが多いのです。ただ、塾の先生はとても忙しいので、そこまで手が回らないというのが実状です。

塾の授業は夕方から始まり、夜9～10時くらいまでほぼノンストップで行われます。途中に5～10分、食事をとる塾では長くて20分の休憩がありますが、子どもたちの質問に答え、教室間を移動している間に、先生の休憩時間は終わってしまいます。授業後は教室の片づけや報告書の作成があり、帰宅が0時を過ぎることもあります。

出勤は企業に勤めるサラリーマンよりは遅めですが、ちゃんとした先生なら、授業前にしっかり授業計画も練りますから、授業前も慌ただしく時間を過ごします。

そんな忙しい塾の先生に質問や相談することはためらってしまうかもしれませんが、**困っているときは塾の先生を頼っていい**のです。

たしかに塾によって、あるいは先生によって、親身になって相談に乗ってくれる場合もあれば、「ここからは家庭でなんとかしてください」と線引きをし、ドライに対応をされる場合もあります。

でも、相手がどう対応するのかわからないのに、「こんな当たり前のことを聞いて、嫌がられないだろうか」とか「うるさい親だと煙たがられないだろうか」と行動に起こさないのは、もったいない。塾の方針や先生のタイプを知っておくという意味でも、一度は相談を持ちかけるべきです。

塾に相談をするときは、タイミングを見計らいましょう。私の経験からいうと、**出勤後の午後1時半～2時ごろが比較的手が空いていることが多いので狙い目**です。

まず、行動に移してみましょう。「いつぐらいだとお話しさせていただきやすいですか？」「○○について相談をしたいのですが、どこかで10分ほどお時間をいただけませんか？」とお願いをすれば、だいたいの先生は対応してくれます。

この本を手に取ってくださった方の中にはいないと思いますが、「こっちはお金を払っているんだから相談するのは権利だ！」というオーラを身にまとって要求するのは、くれぐれも避けてください。誰も幸せにしませんので……。

タイミングにも気を使って相談したのに、応対に難色を示すような先生なら、今後はあまり期待をしないほうがいいかもしれません。その先生が今の子どものクラスの担任だとしても、別の先生に相談しても構いません。以前の担任のほうが、お子さんと相性がよかったと思うようなら、その先生にお願いしてもいいでしょう。

子どもが慕っている先生というのは、かなりの確率でお子さんのことをよく見てくれている先生なので、そのほうが的確なアドバイスをもらえると思います。そうやって、誰か一人でも頼れる先生がいると安心です。

それともう一つ、塾とうまくつきあう上で、ぜひとも知っておいてほしいことがあります。先ほど私の例でも少しふれましたが、**事務の人と仲よくなっておく**ことです。

塾のお迎えなどで顔を合わせる際には、必ず挨拶をしましょう。そのとき、相手の胸には名札がついていることが多いと思いますので、「○○さん、こんばんは。いつも息子がお世話になっています」と、相手の名前を呼んで、よい関係作りをしておくことをおすすめします。

「○○くんのお母さん」と名前と顔を覚えてもらえると、お子さんに何かあったときに「この間、こんなことがありましてね」と塾の様子を伝えてくれたり、「○○先生はお忙しそうですか？　ちょっと相談したいことがあって」と持ちかけたりするとき、うまく調整してくれたりします。

塾の事務の人を味方につけておくと、何かとスムーズにいきやすいということをぜひ覚えておいてくださいね。

子どもを伸ばす親の観察力

お子さんの成績を上げたい一心で、テストの偏差値表だけを持ってきて、「こんな成績で○○中に入れるのでしょうか？」「今、何をすればいいのでしょうか？」「どんなドリルをやらせればいいのでしょうか？」と次々に質問をされる親御さんがいます。

親御さんの気持ちはとてもよくわかるのですが、実はこういう質問のされ方だと、聞かれたほうは非常に困ります。面倒だからではないですよ。そこには、お子さんに関する情報が全くないからです。

大手進学塾は生徒数が多く、毎月のテスト結果でクラスが変わるため、塾の先生は生徒一人ひとりのことまでは把握できていません。でも、中学受験のプロとしてのノウハウは豊富に持っているので、質問の仕方を工夫することで、そのプロの部分を引き出して、とてもいいアドバイスをもらうことができます。

その一番のポイントが、お子さんを一番よく知る親御さんからの情報です。

相談したいと思ったきっかけの場面を、具体的に話すようにしてみましょう。

「9月の中旬から、算数の宿題にかかる時間が急に増えてきました。今までは90分を週に2回と土曜に1時間ぐらいでこなせていたのが、最近は平日に1日2時間かけても終わらなくなってきています。本人も焦っているのか、休憩も取らずにずっとやろうとするのですが、表情を見ていても、わからない問題がずいぶん多いようで……」

こう話せば、いったいどんな状況で困っているのかがよくわかるので、先生としても答えやすいのです。

このように相談するには、**何を相談したいのかを先に紙に書き出しておくのが有効**です。事前の整理もなしに思いつくままに相談を始めると、くどくど話してしまって先生も解決ポイントがつかめなくなりがちです。

相談メモの言葉フレームを載せておきますので、活用してみてください。

例えば「算数の宿題が終わらない」で困っているのなら、何の単元を習ったあたりからそうなったのか、計算ドリルに取り組むときは、わりとノリノリで解いているのに、文章問題になるとやるのを嫌がるとか、いつもそばにいる親御さんだからこそ気づけるお子さんの姿があると思います。

そうした情報をできるだけ多く渡すことができれば、塾の先生も長年の経験を活かし、「もしかしてこういう状態なのかもしれませんね。では、しばらくこうしましょう」といった感じで、具体的なアドバイスをすることができます。

お子さんのことで相談をするときは、お子さんについての情報をできるだけ多く渡すことがポイント。それには、日ごろからお子さんの様子をよく観察することが大事なのです。

相談メモの言葉フレーム

相談項目	状況
■気になる現象、様子は？	
どこで？	
何を？	
どれくらい？	
どのように？	
■それはいつから？	
■本人はなんと言っている？	
どんな様子？	
■原因または解決策として、自分としてはどう思っている？	
■今、先生にアドバイスしてほしいことは何？	

中学受験をさせることに迷いを感じたら

首都圏では、クラスの4人に1人が中学受験をする地域もある一方で、クラスで1人か2人しか中学受験をしないという地域もあります。そういう小学校に通いながら中学受験を目指すことになると、孤独感や不安を覚えやすいかもしれません。また、周囲からこんな声が聞こえてくることもあるかもしれません。

「小学生の子どもに夜遅くまで勉強させるなんて、かわいそう」
「女の子なのに、どうして受験をさせるの？」
「うちはお金がないから、中学受験なんて無理！」

解決策の一つは、友達を作ることです。子どもに塾友達がいるなら、どんな子なのかをお子さんから聞く。その子の親は、中学受験についてどんな手伝いをしてあげているのかと聞く。勝手に仲間意識、連帯意識を持つだけでも、気持ちは落ち着きます。

今、この本を読んでくださっているみなさんは、夫婦でしっかり〝わが家の子育てビジョン〟を確認し合い、「この子にはこういう人になってほしい。それには十代はこういう環境で学ばせてあげたい。そのためには中学受験をする」というふうに、選んでいくことができる方だと思います。**わが子の持ち味をより伸ばしていく中の通過点に中学受験がある**ということを忘れなければ、迷いが起きてもすぐに解決できるでしょう。

そうはいっても、中学受験の勉強は小学生の子どもにとって負担が大きいことは事実です。どんな子にも、しんどいとき、つらいときは来ます。お子さんがつらそうにしていたら「中学受験をさせるべきだったのかしら……」と、思い悩むこともあると思います。そういうときも、やはり〝わが家の子育てビジョン〟に戻って改善策を考えましょう。繰り返しになりますが、子育てビジョンの「手段」としての受験です。

受験塾に通うと、どうしても成績で評価されてしまうし、やる以上は上を目指したくなるものです。でも、それでお子さんがしんどいと感じているのなら、お子さんの力を伸ばす環境はほかにもあるはずですので、学校のレベルを少し下げるなどして無理のない受験をしましょう。受験のための受験になって、何を頑張っているのかわからなくなる、というのは避けてほしいと思います。

塾の講習を受けないという選択

中学受験の勉強は、通っている塾のカリキュラムに沿って進めていくのが王道ですが、**塾から与えられたメニューをすべてやる必要はありません。**宿題の取捨選択についてはすでにお伝えしていますが、それ以外にも家庭によっては取捨選択したほうがいいものがあります。それは、長期休みを利用した講習です。

大手進学塾のカリキュラムは平日の授業以外に、春休みや夏休みなど、小学校が休みになる時期を利用した特別講習が用意されています。〝特別〟とはいっても、すでにカリキュラムには組み込まれているので、受講することが基本。そのため、「受講をする・しない」の確認はわざわざせず、何も言わなければ通常の授業料と同じように、講習代も引き落とされます。

講習の内容は、塾によって異なります。

日能研はその前の期に学習した内容の復習を中心に行いますが、ＳＡＰＩＸはほとんど復習せずに先へ進んでいきます。四谷大塚は、以前は復習が中心でしたが、数年前にテキストを改訂してからは難度が上がり、復習をやりつつも先に進むというスタイルに変わっています。関西の浜学園は、平常授業はそのままで、さらに夏期講習が昼の時間に積まれるスタイルです。

6年生の夏休みは、どの塾もこれまでの総復習と演習を行います。お子さんの学習状況が順調であれば、塾のレールに乗って講習を受けるといいでしょう。

逆にかなり苦しいという場合は、塾の講習を受けずに、家で苦手分野の克服に時間を取るというのも、一つの選択です。講習は申し込んだけれど、復習するまでもない単元の日だけ間引きながら受講する人もいます。

例えば、ＳＡＰＩＸの6年生の夏休みには、前半に18日間の夏期講習と、後半に5日間の志望校別集中特訓という特別講習があります。前半の講習はこれまでの総復習を行うので受講する価値はありますが、後半の特別講習はひたすら演習をするだけです。

順調に進んでいる子にとっては得点力を上げるよいトレーニングになりますが、それ以外の子には優先度の低い内容です。それより、その5日間を苦手を克服するためのトレーニング期間に充てたほうが、効果は高いでしょう。

「普通」「みんな」と言わない子育て

中学受験に関するご相談を受けるときに、よくお母さんたちから出る言葉があります。それは「普通は」「みんなは」といった言葉です。

「普通だったら、どのくらいやっておくべきですか？」
「みなさんは、どうされているのでしょうか？」

こういう質問を多くされる方は、真面目な方、子どもにできるだけのことをしてあげたいと思いつつ、自分自身に自信が持ちきれていない方が多いようです。常に人の目が気になってしまう。

でも、その姿勢を変えていかなければ、残念ながらお子さんの力を伸ばしていくのは難しいでしょう。なぜなら、「普通」「みんな」という言葉を使えば使うほど、主役であるはずのお子さんのことが見えなくなっていくからです。

中学受験をうまく進めている親御さんは、こうした言葉は使いません。何か相談をされる際には、「うちの子は○○なところがあるのですが、先生はどう感じていますか？」「うちはこうしようと思うのですが、先生はどうしたほうがいいと思いますか？」といった聞き方をします。

「よそはよそ」「うちはうち」と切り離して話をするから、相談を受ける側もアドバイスがしやすい。その子の情報をたっぷりくれるから、その子に合ったアドバイスができ、結果よい方向へと導くことができます。

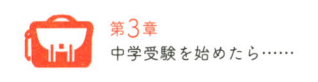

このように**主語を「みんな」から「うちの子」に変えるだけで、結果が大きく変わってくる**のです。

わが家では、子どもが2歳のころから、夫婦で子どもの話をするときは、本人の名前を言うか、「あの人は」という言い方をしていました。「あの子」という言い方は、夫婦ともにほとんど使わなかったと思います。

なぜそういう言い方になっていたかというと、たとえわが子であっても、幼くても、一人の人格として接していたからです。意識してそういう言葉を使ったのではなく、自然に口から出ていた言葉です。

中学受験の勉強を進めていくときも、「これは◯◯（息子の名前）には、ちょっと難しいかもな」「塾のやり方はともかく、あの人の場合はこれがいいんじゃない？」といった会話をしていました。こういう会話をしていれば、「普通は」「みんなは」という発想には、なりにくいのです。

このように、親が口にする言葉によっても子育ては大きく変わってきます。

第4章

子どもが伸びる環境と親の関わり

勉強時間の長さと成績の伸びは関係ない

中学受験をするとなったら、たくさん勉強をさせなければ合格できないと思っている親御さんは多いようです。

よく塾からもらう冊子には華々しい合格体験記が載っていますが、「夏休みは毎日8時間勉強しました。頑張った成果が出てとても嬉しいです！」といったコメントを見ると、「やっぱりそれだけ頑張らせないとダメなのか……」と思ってしまうのでしょう。

でも、長年中学受験の指導をしてきた私の感覚からすると、仮に8時間勉強をしたとしても、**子どもが集中できる時間はせいぜい2時間、長くても3時間**といったところです。あとの時間は、宿題のドリルをなんとなくこなしていたり、難しい問題を前に頭を抱えているだけで時間が過ぎていってしまったり、中にはノートをきれいに書き写しているだけだったりと、頑張って勉強をしているつもりでも、実際はあまり実になっていないことのほうが多かったりします。

大人だって8時間仕事をしても、頭がキリっと冴えて、仕事に集中できる時間はおそらく3時間ぐらいではないでしょうか。勉強時間の長さはそれほど重要ではありません。その集中した時間にどれだけ質の高い勉強ができたか、です。

集中している時間というのは、本人の気持ちが乗っているときです。この時間は、「授業で習った類似問題がスラスラ解けた」「今まで難しいと思っていた問題が解けるようになった」など、何かしらの手応えを感じています。その手応えがたくさん得られるほど、勉強が面白く感じ、〝ノリノリ状態〟になってきます。

ところが、その感じ方というのは、トータルの勉強時間によって大きく変わってしまうのです。

例えば、トータルで8時間勉強したうちの3時間は集中し、手応えのある勉強ができたとします。でも、残りの5時間はわからない問題ばかりでつらい時間を過ごしていたとしたら、そのつらい5時間のほうが頭に残り、集中できた3時間の中身が薄まってしまうのです。そして「勉強ってつらいなぁ」と嫌な思いが蓄積されていきます。

逆にトータルでは5時間しか勉強をしなかったけれど、3時間集中して手応えのある勉強ができた子は、全体の半分以上手応えのある勉強ができたので、「できた！」「わかった！」という嬉しい記憶が残り、自信につながっていきます。「勉強をすれば理解できるようになるんだ！」と実感でき、次の日も頑張ろうという気持ちになる。

このように、同じ3時間集中して勉強しても、**トータルの勉強時間との割合（濃さ）によって、勉強に対する感じ方が違ってくる**のです。

わが子の〝ノリノリ状態〟を活用する

子どもが勉強に集中しているときというのは、好きな科目の勉強をしていたり、わからなかったことがわかったりしたときなど、〝快〟を感じているときです。この時間の勉強が一番はかどり、知識も定着しやすくなります。ぜひ、この〝ノリノリの時間〟を有効に使いましょう！　それにはまず、お子さんの日々の生活を観察することです。

- 1週間のうち、どの曜日が調子のいい日？

- どの時間帯がご機嫌になりやすい？
- 好きな習い事は？
- 友達と遊ぶのは何曜日のどの時間帯で、約束をしたときは勉強にも身が入る？
- 友達と遊ぶ約束をしたときは、遊ぶことで頭がいっぱいになって、勉強モードからは遠ざかる？
- 1日の中では朝、昼、夕方、夜、一番集中力が増しやすいのはどの時間帯？
- なぜその時間帯は気分が乗りやすい？

もちろんみなさんは、仕事や用事で1日中お子さんの様子を見続けることなどできないでしょうから、**夜になってから「今日は何をしたの？」とお子さんに今日の1日を教えてもらうことで、だいたいのことをつかんでいくというやり方で大丈夫**です。

お子さんにとってノリノリになりやすい時間帯がわかってきたら、勉強メニューをそこに組み込んでいくとよいでしょう。お子さんと相談しながら、「この時間帯は元気だから、算数のちょっと難しい問題でもやってみるかな」などと、気分よく勉強ができる時間だからこそのメニューを合わせていくといいですね。

次に、お子さんの〝ノリノリ状態〟を持続させる方法を見つけていきます。これには、実際にお子さんが勉強している様子を見守るようにして観察していただきたいので、平日よりは土日のほうがやりやすいかもしれません。

まずは、好きで頑張れる科目です。こちらは**本人にどんどんやらせてみて、どのくらい続けてやると疲れるかを見守ります。**

疲れにも2種類あり、頭や目の疲れといった体の疲れであれば「ちょっと休憩しようか」とお茶タイムにしたり、一緒に体操をしたり、マッサージをしてあげたりすると、リフレッシュできます。

ここで一度疲れを取り除いてあげると、「もうちょっとやろうかな」と頑張れることもあります。好きな科目の場合は、手が止まるのは体の疲れであることが多いですね。

一方、苦手な科目の勉強などあまりやりたくないものに取り組むときは、テンションも低めでしょう。

例えば、塾から「明日までに50個の知識を覚えてきなさい」といった宿題が出て、それを覚えなければならないのに全く気分が乗らないということがあります。まだ一問も進んでいないのに「疲れた」と言う子がいますが、「何もやっていないくせに、疲れるはずがないでしょう！　ふざけないで！」と怒るのは、ちょっと待ってください。

そういうときの疲れは、好きな科目を勉強しているときのような「体の疲れ」ではなく、「気持ちの疲れ」の可能性が高いのです。勉強に手をつける前から「嫌だなあ、しんどいんだろうなあ、難しいんだろうなあ」と感じていると、もうそれだけで疲れてしまうのですね。

こういう疲れは、ちょっと休憩を入れたところで気分が上がるものではありません。

そんなときこそ、親御さんのアイデア勝負。「面白くないからできないのなら、面白いものに変えられないかしら？」と、遊び心を取り入れてみましょう。

例えば、一人で黙々と暗記をするのはつらいけれど、お母さんが横でクイズを出すように問題を読み上げるだけで、やる気が出ることもあります。正解したら「ピンポーン！」、不正解だったら「ブッブー！」と少し大げさにリアクションをしてあげましょう。
計算問題や穴埋め問題などは、「じゃあ、お母さんとどっちが早くできるか、よーい、ドン！」と競争してみると、がぜん張り切ることもあります。子どもは基本的にゲーム感覚の競争が好きなので、**ゲーム的要素を取り入れると〝ノリノリの状態〟になりやすいようです。**

また、**いつも勉強している場所と違う場所でやらせてみると、気分が上がることもあります。**

例えば、どうしてもやりたくない勉強メニューがあったとした場合、そのときだけは特別にファミレスで勉強をさせ、最後まで頑張ったらパフェをごちそうするなど、何かごほうびをあげるというのも一つの手です。

そうやって、子どもの〝ノリノリの状態〟を探り、それがどのくらい続くかを見つめるようにします。すると、次のアイデアもまた浮かんできます。

逆に、勉強がうまく進まなくて子どもがイライラしたり、ムキになって解けない問題をいつまでも考え続けようとして時間だけが経っていく……なんていうことも、よくあります。さて、どうしましょうか？

なんのことはない、今の「ノリノリ作戦」と同じことです。**うまくいかなくて「不快」なのだから、まずはそこをわかってあげる**のです。「しんどいよね」「嫌だよね」「ちょっと気分を切り替えようか」と、一息入れさせてあげます。そして、第三章でご説明した「○」「△」「×」で優先順位づけをする方法を思い出してください。

さて、お子さんは今、「△」を解こうとしていますか？　もしかして「×」にこだわっていませんか？　もし「×」の問題をやろうとしているなら、今は後回しですね。

確かに「△」を選んでやっているのにうまくいかない、ということでしたら、これも第三章で見たように「直しの手伝い方」を使います。「どこまではわかっているの？」「次にどうしたらよさそう？」と、一緒に考えながら進めてあげるやり方でしたね。

自分の力で切り抜けられたら、イライラはスーッと消えていきます。無事に気持ちが落ち着いたら、ノリノリ状態に入ってもらいましょう。

うちの子専用　平日と休日の学習スケジュールを考える

やるべきことがたくさんある中学受験。一方で、親である自分は仕事を持っていて、子どもの勉強をすべて見てあげることができない。こうした状況の中で中学受験の準備を進めるには、**「子どもが自分で勉強できる仕組みを作っておくこと」が最善策**だと私は考えます。

ポイントとなるのが、学習スケジュールの立て方です。

まず、子どもが起きる時間、寝る時間、学校や塾、習い事に行く時間、お風呂や食事をする時間など、**1日のうちでやるべきことが決まっている時間を書き出してみます。**お子さんが楽しみにしているテレビ番組があれば、その時間も書き出しておきましょう。ちょっとボーッとしたい時間があれば、その時間も加えておきます。

すると、平日と休日、あるいは塾のある日とない日の家庭学習に使える持ち時間が見えてきます。その時間に**「何をどこまでやるか」をお子さんと一緒に話し合って決めて**

いきます。

親：「水曜日は学校の授業が5時間で塾もないから、たっぷり時間があるけれど、何をする？」

子：「うーん。理科の植物の種類がまだちゃんと覚えてないから、それをやろうかな。ノートに覚えやすいようにまとめてみるよ。お母さん、仕事から帰ってきたら、またクイズみたいにやってくれる？」

親：「オッケー！　じゃあ、それまでに覚えておこうね。木曜はどうする？」

子：「木曜日は学校の授業が6時間で塾もあって疲れちゃうから、復習と算数プリントを1枚やっておしまい」

親：「わかった。じゃあ、組分けテストの対策はいつやろうか？」

子：「土曜日の午前中が空いているから、ここでやろうかな」

ポイントは子ども自身に決めさせること。親がスケジュールを決めてしまうと、「今はやりたくない」となりがちですが、「何をいつやるか」を子ども自身が決めていれば、やらされ感なく進めやすくなります。

ただ、小学生の子どもには「何をするのにどのくらいかかるか」という見通しを立てる力がまだ十分に備わっていません。予定には入れたものの、思ったよりも時間がかかり、時間内に終わらないのはよくあることです。そんなときは、途中で一声かけてあげましょう。

例えば、宿題に時間がかかっているときは、「今、どこまでできたの?」「それをやるのにどのくらい時間がかかったの?」と聞いてあげます。

ここでは、「できている」「できていない」の判断はしません。「このドリルを1ページ終わらせるのに、20分かかるみたいだね?」と確認をするだけ。そして「だとしたら、あと1ページ終わらせるのに、どのくらいの時間がかかりそう?」と聞きます。

「こっちのプリントは文章題もあるから、あと30分かかっちゃうかもしれないなぁ」

こうやって、見通しを立てる練習をしていきます。何度か声をかけているうちに、「このドリルを解くのは、思ったより時間がかかる。ということは、明日はもう少し早い時間から始めたほうがよさそうだな」と気づくことができます。この**「見通しを立てる力」がつくと、スケジュールを立てる能力も上がっていきます。**

塾がある日は、子どもの帰宅が遅いため、仕事をしているお母さんも家にいらっしゃることが多いと思いますが、塾がない日に子どもだけで勉強が進められるか心配、という方は多いでしょう。そういうときは、**やるべきメニューを具体的に決めておく**ことをおすすめします。

ただざっくりと「算数の宿題をする」では、子どもにとってハードルが高いでしょうね。もうひと手間かけてあげましょう。

というのは、「算数の宿題をする」というのは、親御さんにとっては「宿題の問題を解いて、丸つけをして、解き直しをする」というところまでをイメージされているかもしれませんが、子どもはそこまでイメージできているのかな、という問題があるのです。

結論から言うと、大多数の子にとって「算数の宿題をする」とは、「宿題の問題を解いて終わり」です。答え合わせまではやる子もいますが、解き直しまで最初からやれる子はほぼいません。「やらない」のではなく、「そんなことまでやるとは知らなかった」のです。

ですから「算数の宿題をする」というメニューを決めた場合は、「何をどこまでやるか」まで親子でしっかり確認しておきましょう。

「算数の宿題をやるときは、問題を解いて終わりではなく、答え合わせまでして、間違ったところはもう一度解いておくんだよ」

「もし、5分考えてもわからない問題があったら、先に進んでいいよ。その場合は、その問題にふせん紙をつけておいてね」

「解説を読んでわかったものには○印を、解説を読んでもわからなかったものには×印をつけておいてね。お母さんが帰ってきたら、一緒にやろうね」

このような感じで、**どこまでを子どもだけで進めて、どこからは親子でやるかを決めておく**のです。

ただ、子どもは解説を読んでわかったつもりになって○印をつけてしまうこともあります。ちょっと心配だなと思ったものに関しては、「これってどうやって解いたの?」と聞いてみて、その都度確認をしておくといいでしょう。

子ども自身がスケジュールを決められるように手伝い、親子で進め方を詳しく確認するようにしておくと、親がいなくても子どもだけで勉強を進められることが増えていきます。親も「ここだけを見てあげればいい」と、やるべきことがクリアになります。親の負担が減り、子どもの自立にもつながるというのは、ハッピーなことですね。

子どもをやる気にさせるほめるタイミング

子ども自らが勉強に向かうようにするには、「ほめる」機会を用意しておくことをおすすめします。私は「ほめる仕組み作り」と呼んでいます。あまり聞き慣れない表現だと思いますが、これを無理なく渡せるとうまく回っていきます。

勉強を進めていく上で欠かせない学習スケジュール。でも「予定さえ立てておけば、あとはその通りにやるだけ」というほど簡単にはいきません。一緒に予定を立てたときは、「この宿題なら1時間あれば余裕！」なんて言っておきながら、予想以上に時間がかかってしまうことは、よくあります。

またその日、学校で友達とケンカをした、先生に怒られたなど嫌なことがあった場合は、勉強をする気分になれないこともあります。

大人からすれば「できて当たり前」「やって当たり前」のことでも、子どもにすれば大変なこと。まずは、それを大人が理解してあげることです。

それに、子どもの成長を重視する視点に立てば、本当に大事なのは予定通りにできたかどうかではなく、頑張る姿勢が見られたかどうか。**結果よりも途中段階の進み具合（プロセス）にこそ子どもの成長が表れる**のであり、価値があるのです。

そのプロセスを大事にするために、〝ほめる仕組み〟を作っておくのです。

タイミングとしては、今日の勉強予定時間の半分ぐらい過ぎたところで、「今日の調子はどう？　どのくらいできたかな？」と進捗状況を聞いてみます。学習メニューの半分以上進んでいるようなら、順調です。「いい調子だね。頑張っているね」と、ここで一つほめてあげることができますね。

もし、まだ2割ぐらいしか進んでおらず、このままでは時間内に学習メニューを終わらせるのはかなり厳しいという場合なら、手助けをしてあげればいいですね。「どこで困っているのかな？」と聞いて助けることができるし、もしかしたら、そもそもかかる時間の見通しが間違っていたかもしれないと、予定を修正することもできます。

また、気分が落ち込んでいるようなら、「なんだか今日は疲れているみたいだね。学校で何かあった？」と相談に乗ってあげることもできるし、「そんなに大変なことがあったのに、よく頑張っているね。えらいね」とほめてあげることもできます。

途中段階での確認は、立て直しの余裕があるのですね。これが、予定時間の終了間際に確認するやり方だと、どうでしょうか。メニューが終わっていないことに目が向いて、叱ったり、焦ったりするしかなくなります。

ですから、途中段階で子どもに声かけしようと、ほどよいタイミングを先に決めておくことで、ほめる理由を見つけやすくしておくのです。

さらに、「どのくらいできたかな？」という問いかけの言葉自体も「仕組み」の一つです。**「できた」にフォーカスした言葉なので、それを口にするこちらの気持ちは、最初から「ほめてあげよう、応援しよう」というモードにセットされる**のです。

そして「できたかな？」と聞かれた子どもも「ここまでは、できたよ」と答えてくれますから、自然と「えらいね！」と、ほめることになります。

親御さんがほめるのが苦手というのであれば、先に〝ほめる予約〟を用意しておくのもいいでしょう。

例えば、その日は苦手単元に取り組む日だったとしたら、「取り組んでいるだけで、すでに頑張っている」と、自分自身に子どもをほめる予約を入れておきます。

また、このところ運動会前の練習が連日で疲れているようだったら、今日は塾に行くときに「運動会前の練習で疲れているのに、ちゃんと塾に行ってえらいね」と言ってあげよう、とほめる予約を入れるのです。

ポイントは、**結果ではなくプロセスをほめてあげる**こと。予定通りにできたかどうかに目を向けてしまうと、ほめるハードルが一気に上がってしまいます。
「ほめると調子に乗ってやらなくなるから……」と、お子さんをほめることを躊躇する親御さんは少なくありません。なぜその家庭の子が、ほめると調子に乗ってやらなくなるのかというと、結果だけをほめてきたからです。子どもに、「ほめられたってことは、もうやらなくていいってことでしょ⁉」と思わせてしまっているのです。

ほめることを、難しく考える必要はありません。途中でほめるタイミングを作ってでおけば、「取り組もうとしてえらいね」と言ってあげるだけでいい。それだけでも子どもは「お母さんは僕のことをちゃんと見てくれているんだ」と実感でき、頑張ろうという気持ちになります。

自分の行動をほめられているので、またやろうという気持ちにもなりやすい。親も怒る機会が減るので、お互いに気持ちよく1日を過ごすことができます。

なにより**子どもにとって、やらないことで得られる「目先の楽さ」よりも、やることで得られる気持ちよさのほうがはるかに大きい**ですから、「ほめる仕組み」を取り入れると、お子さんは今まで以上に自分で頑張れるようになっていきます。

これだけできていれば大丈夫！ を知っておこう

中学受験の勉強が始まると、常にテストの点数や偏差値など現実的な数字を突きつけられ、どんなに〝わが家軸〟を持っていても、心穏やかではいられなくなることがあると思います。

そんなときは、「あれをやらせたほうがいいのではないか」「これをやっていないから、成績が上がらないのではないか」と不安になり、何かをやらせることや与えることで解決しようと考えがちです。

でも、焦る必要はありません。塾での成績が今すぐは上がっていなかったとしても、今後伸びていくための**学習の土台が小4の時点でできてさえいれば、成績は上がっていきます。**ここでは、その学習の土台「これだけできていれば大丈夫！」を知っておきましょう。

①毎日30分でもいいから勉強しようとする気持ちがあること

この気持ちさえあれば、大人は「どうやればできるのか」を一緒に考えてあげ、助けてあげればいいですね。実際に勉強ができていないとしても、「やろう」「やらなきゃ」という思いがあるなら、実行できるよう導くことができます。家庭の中だけで難しいときは、塾の先生にも力を貸してもらいましょう。

②今日学んだことを思い出せること

今日の授業で習ったこと、宿題で取り組んだ問題、調べたことを寝る前に思い出せるか確認しましょう。

思い出せるということは、「覚えよう」という意識がある証拠です。覚えるには、知識をグループに分けて整理したり、考えの手順を理解したり、「なぜ?」を放置せずに確認するといったことが必要になります。つまり、**思い出せるということは、勉強の組み立てができているかどうかのチェックになる**のです。

また、「寝る前に思い出す時間が確保されている」と意識することで、学習時に理解して覚えようという意識を働かせられることにもつながります。

③計算練習を週3日以上行っていること

計算力は筋肉トレーニングと同じです。本当は毎日続けたいところですが、嫌気がさしたり、疲労を感じたりするようなら無理するのは逆効果。ただし、休憩は中1日にとどめたいですね。2日間を空けてしまうと、計算の感覚がぐっと下がります。

計算練習を進めるポイントは、正確さ→スピードの順番です。まずは、正確に計算することを重視しましょう。スピードアップは、そのあとです。

毎日10分間取り組むと決めたとして、10問中6問しか解けなくても構わないので、全問正解を狙います。ちょっとしたミスは許容するとして、ある程度正解できるようになってきたら「10分間で7問できるようにする」「次は8問」とペースを上げていきます。

暗算力（＝短期記憶の力）、数字の整理、チェックする力など、計算練習で鍛えられる力は算数にとどまりません。

④耳で聞いて書き取れること（口述筆記）

164ページでもふれましたが、説明を聞いて、漢字混じりの文で書き取れるかどうかをチェックしましょう。塾の授業を活かせるかどうかに関わる、とても重要な力です。

内容を理解しようとしながら聞いているかどうかが、試されます。

漢字は1文字ごとに意味を持ち、同じ発音の言葉でも意味によって使う漢字は変わってきます。そのため、**漢字混じりの文を書くことは、日ごろから内容や言葉の意味に意識が向かっている証拠**なのです。意味を考えながら人の話を聞けるようになれば、頭の中で説明されたことが映像としてとらえられ、流れの理解ができます。

また、理解が深まることで記憶にも残りやすくなり、学んだことをあとで思い出しやすくなるため、学習効率にも影響してきます。

⑤自分の時間を把握しようとしていること

（1）今週はいつ何があって、それにはどれくらいの時間がかかりそうかという週のスケジュールがつかめていること

（2）今日は何時に何をやる予定なのかが、わかっていること

（3）勉強でも遊びでも、「自分がこれをやるには○○分ぐらいかかりそうだ」というだいたいの時間の見通しがつくこと

この3つができるようになろうと意識することは、中学受験の学習では非常に大切です。自分の時間を把握することは簡単ではありませんし、できている子は少数派。しかし、やろうとしている子と、意識もしていない子とでは、日が経つにつれて学習成果に大きな差がついていきます。

多くの受験家庭は「やらせやすさ」から、以上の事柄よりも、「科目の宿題をとにかくこなす」という「作業」に目がいきがちです。学習をした感もそのほうが大きいからですし、塾の先生に叱られたくないという思いもあるでしょう。

しかし**大切なのは、学習したことが生かせる「土台」を作ること**です。塾の小4は、その土台を作る学年でもあります。4年生の段階で、子ども自身が「自分ごと」として学習に取り組めるように導いていけば、学年が上がるにつれて科目の知識を入れ込んだり、問題演習を増やしていったりすることのハードルは、それほど高くありません。

入塾してからの勉強で思ったように成績が出ていないときでも、まずはこの5つのポイントが押さえられていれば、それほど深刻に考えなくても大丈夫です。

子どもに右肩上がりの成長は期待しない

「計算ドリル15分」「休憩5分」「算数の復習55分」「休憩5分」……、エクセルに5分刻みで細かい指示を出す。受験熱心組の中に、必ず一定数いらっしゃるお父さんです。私たち受験学習支援の業界で「エクセル父さん」とひそかに（？）呼び習わしているタイプの方です。

受験勉強を進める上で、学習スケジュールを立てておくことは大切ですが、さすがにやりすぎです。いつもそばにいるお母さんなら、「こんなこと、小学生の子どもができるわけがないじゃない」と肌感覚でわかることですが、ビジネスの第一線にいるお父さんの中には、「できる」「できなければいけない」と本気で思っている方がいます。

そして、予定通りに進められない子どもに対して、まるで営業ノルマを達成できない部下に接するがごとく、「成績が上がらないのは、努力が足りないからだ！」と叱ってしまうのです。

こういうお父さんの共通点は、仕事で成功をしている人が多いことです。自分が立てた業務目標に対し、自分の部下も頑張り、結果を出してきた。そうやって成果を出してきたから、自分のやり方に絶対的な自信をお持ちなのでしょう。

でも、そうできたのは自制心が働く大人だからです。同じことを小学生の子どもに求めるのは、無理難題。なぜなら、子どもにはその力がまだ備わっていないからです。

小学生の子どもは今がすべてで、遠い先の未来に向かって、毎日気持ちを高めて頑張ることはできません。大人でも、なんとなく気分が乗らないなあ、という日はあると思います。けれど、仕事となれば多少無理をしてでも頑張れるし、頑張らなければならないという気持ちがある。

でも、小学生の子どもはその発想はまだ持ち合わせていません。気分が乗っているときには集中してノリノリで勉強するけれど、そうでないときは頭の中に何も入ってこない、なんてことはしょっちゅう。成績も突然伸びるときもあれば、「いったい何が起こったの？」と驚いてしまうくらい、急降下するときもあります。それが、普通です。

とはいえ、成績が急降下して「これが普通なんだね」なんて冷静でいられるはずはないですよね。ちゃんと対応策はあるので、ご安心ください。万が一テストの成績が急降下したときは、まず、そのテストの出来具合を確認します。

- 特定の単元の弱点が見つかったのか？
- どこかの知識がゴソッと抜けているのか？
- テストの問題数が、以前よりも急に増えたのか？
- 実は、今回だけテスト前の勉強をやり忘れていたということはないか？
- テスト中に鼻水が止まらなくなって集中できなかったということはないか？

とにかく考えられることを確認していきます。原因がわかればそこを対処することで、次は改善します。特に原因が見つからなかった場合は気になると思いますが、「今回はたまたま集中にムラが出たのかな？」と様子見です。半分以上の確率で、次回は何事もなかったように成績が戻ります。

しかし、2回連続で成績がガクンと落ちて「あれ？」いうことが起きた場合は、少し気合を入れた点検を行います。**チェックするのは、「学習サイクル」と「カリキュラム理解度」**です。

学習サイクルは第3章で詳しく説明しましたが、あの一つひとつのステップについてお子さんの学習が適切に行えているのかどうか、点検していくのです。きっとどこかにほころびが見つかりますから、やり方を修正していきます。塾の先生に相談して、勉強の仕方を教えてもらうのもよいでしょう。

また塾のカリキュラム表、テキストの目次などを使って、理解があやふやであったり知識の記憶が抜けてしまったりしている単元がないかを点検します。怪しい単元はテキストの例題を解いてみて、確認するのがよいでしょう。

わかっているつもりで実は忘れてしまっていたという単元の問題で失点していて、ほかの子は軒並み正解しているから自分の成績だけガクンと下がった、ということはよくあります。

子どもの学力が右肩上がりで成長することはまずない、ということを頭に入れておいたほうがいいでしょう。子どもの学力はゲームの世界のように、「○○のアイテムを獲得すれば、もれなく「パワーアップ」などという、単純な因果関係で成果が出せるものではありません。

大事なのは、はるか先の目標に向かって戦略を立てることよりも、「今日のわが子はどうだろう？」という視点を持つこと。

子どもが勉強に取り組んでいたら、「おっ、今日はいい調子だね！　頑張っているね。このまま頑張っちゃう？」「あれ？　今日はお疲れだね。学校で何かあった？」といった感じで、たとえ予定を立てていたとしても、その日の体調やメンタルによって柔軟に対応します。

そうやって、日々の子どもの様子を観察しながら、受験勉強を進めていき、全体的に見て少しでもよくなっていれば、それだけで大きな成長なのです。

自分の子ども時代を棚卸しする

子どもに対して、つい否定的な言葉を言ってしまう親御さんがいます。本人は全く気づいていないこともあれば、「ああ、また嫌なことを言ってしまった……」と自己嫌悪に陥ってしまう方もいます。

そういう親御さんにご自身の子どものころのお話を聞くと、親が教育熱心だったため、「親を安心させてあげよう」「親の期待に応えよう」と一生懸命頑張り続けてきたというタイプの方が多いようです。

そうやって、親の期待に頑張って応えてきた親御さんは、「自分も同じように頑張らないと、子どもが将来困るのではないか」という不安を持ちやすい傾向があります。

その不安から「あれもやらせておかなきゃ、これもやらせておかなきゃ」とたくさんの課題を与えてしまうのですが、小学生の子どもにはとてもできません。そのできない様子が不安に拍車をかけて、「どうしてあなたはできないの！」と否定的な言葉を投げてしまう……。

一方、親があまり干渉してこなかったゆえに、自分なりに頑張ってきたけれど、大学受験や就職活動などでうまくいかなかったという経験のある親御さんは、「自分の子には、こんなつらい思いをさせたくない」という衝動から、自分の育てられ方と違うことをしようと、必死になることもあります。

でも、その加減がわからず、必要以上に干渉し、細かく指示を出してしまうのです。

このように、子どもは何かしら親の影響を受け、そして今度は自分が親になります。親から受けた影響を自覚するかしないかで、自分が親になってからの言動はずいぶん変わります。

私の場合も、親から渡された言葉が、自分の人生に大きく影響してきたことを実感しています。

両親は、私が生まれた翌年に年子の双子を授かったため、私はあまり干渉されることなく育ちました。私自身は勉強が得意なほうでしたから、勉強で困ったという経験はあまりしてこなかったのです。

ただ、私立中学に入ってからだんだんと勉強に気持ちが入らなくなり、勉強をさぼるようになったため、中3のときにかなり成績が下がってしまいました。学年で20番から

40番ぐらいに位置していたのが、80番ぐらいに落ちたのです。それでもまだ下に100人以上いるから大丈夫と、自分の成績を見つめようとはしていませんでした。

すると、普段は勉強のことなど何も言わない父親から「下を見るな！」と一喝されたのです。冷蔵庫の前で、父親と少し立ち話をしていたときのことです。

なぜかそのときのシーン、そのときの言葉がとても印象に残り、その後の自分の人生の節目節目で影響を受けています。おそらく父は、成績のことよりも、生き方について伝えたかったのだと思います。

また、母親からは小さいころから折にふれて「でも、あんたのことやから大丈夫やろ」と言われてきました。この言葉のおかげで、どんなことがあっても、なんとか乗り越えられるはずだと思って、これまでやってくることができたように思います。

体が人一倍小さい私に自信をつけさせようと、「『さんしょは小粒でもぴりりと辛い』や。大きいからなんやねんと思ったらええ。『うどの大木』って言うんやで」という言葉もよく聞かされました。私の気の強さは、こちらの言葉が影響している気も……。

親が子どもの力を信じる。

私が親から教えてもらった、とても大事なことです。

このように、親の何気ないひと言が、子どもに勇気を与えることもあります。その言葉がわが子にも響くとは限りませんが、子育て中の親御さんは、自分が今、目の前にいるお子さんと同じくらいの歳だったとき、**親からどんな言葉を渡されて嬉しいと思ったか、つらいなと思ったかを一度振り返ってみる**といいと思います。

そうやって自分の子ども時代を棚卸ししてみると、子どもに渡してあげたい言葉も変わってくるのではないでしょうか。

そして、**もし自分が子どものころ、親に言われて嫌だった言葉があったとしたら、どうかそれを引きずらないでほしい**のです。できれば、そのときの親御さんを許してあげてほしいなと思います。

親になるとわかると思いますが、自分の親も子育て中は必死だったんだ、と思ってあげられるといいですね。そうやって親を許すことで、肩の力が抜けることもあります。

第5章

中学受験、その後

中学受験は人生のゴールではない

入試当日の朝、各学校の校門前には、大手進学塾の旗を持った先生たちが応援に駆けつけます。

「頑張れよ！」
「合格を勝ち取ってくるんだぞ！」

お世話になった先生たちの声援は、これから入試に挑む子どもたちには大きな励みになる一方、受験の合否を勝ち負けと思わせてしまう怖さもあります。

入試である以上、必ず合否は出ます。でも、受験は勝ち負けではありません。6年生の1月○日、2月○日というたまたま決まった日付に行われた入試で、今ある力を出せたか、出せなかったかだけの違いです。

特に**小学生が挑戦する中学受験は、子どもの成長差による影響が、どうしても出てしまいます。**もう少し待てば自然に伸びていく力も、期限が決まっているからここで一度区切らなくてはならない。現時点ではその力が足りなかったかもしれないけれど、勉強に関してできるようになるかどうかで言えば、ほとんどの子ができるようになります。

ただ、どれだけ時間がかかるかに、個人差が出てしまうだけです。

また、これまで順調に勉強を進めてきて、塾の先生にも「絶対に大丈夫だよ！」と太鼓判を押されていた子が、不合格になってしまうこともあります。

小学生にとっては、人生で初めての大きな舞台。緊張してしまい、思うように力が出せないことだってあります。家に帰って落ち着いて解いてみたら、解けた問題もあったというのは、受験生なら誰しも経験することです。

その1日の結果で子どものすべてが決まるかのように受け取ることは、どう考えたっておかしな話ですね。

この、塾の先生が口にする「勝ち負け」について、息子の受験で印象的なことがありました。

灘中の入試当日の朝、息子が通っていた浜学園では、近くの住吉教室に受験生が集合します。特訓コースの先生たちと学園長とが子どもたちに向けて、最後の入試ポイントを解説し、檄を飛ばすのです。保護者はその様子を別室でモニター視聴しているのですが、熱を込めて学園長がこんなことを話していました。

「君たちは、誰よりも頑張ってきた！　日本一、頑張った子たちだ！」

「浜学園の生徒として、自信を持ってもらいたい！」

「だが、力を発揮しなければ何の意味もない！」

「勝ってこい！」

いやいやいやいや……と苦笑する私。隣を見ると、妻のなんとも呆れたような表情が目に入ります。

子どもたちですから、また男の子たちですから、スポーツの試合前のように鼓舞することにもある程度の意味はあります。受験会場で一人心細くなってしまうような子は、塾の友達が集まって先生から励ましのメッセージをもらうことで、勇気ももらえるでしょう。

しかし、入試のその瞬間は「熱」だけが伝わってきたつもりでも、言葉というものはいつまでも心に残ります。うまくいけばいいでしょうが、そうでなかったときは？「勝ち負け」「意味がない」という言葉を刻まれてしまった人は、これまで培ってきた貴重な時間の意味を、たった1日2日の出来事だけで捨て去ってしまいかねません。罪なことを言うなぁ、と感じたものです。

ただ安心したのは、教室から出て学校に向かう息子の表情が、いつも通りぽよ～んとしていたことです。「おかしな影響を受けずに、マイペースを保てているな」と。

さらに面白かったのは、試験のあとに、朝の激励について息子に聞いたときのこと。「周りの子も言ってた！『あんなこと言うてええん？　何の意味もない、とか、おかしいやろ～。勝ち負けとか、勝負とちゃうし。テストやし』って言ってたよ。だいたい、ほとんどの子は話なんか聞いてないし。ぼく寝てた」と笑うのです。

子どものほうが、大人ですね（笑）。

灘中の大森教頭先生（当時）が合格者招集日（入学手続きなどを行う日）の挨拶で、こんなことをお話しになりました。

「みなさんは、合格して選ばれ、本校に入学してきましたが、合格できた子が特別なのかというと、私はそんなことはないと思っています。もちろん、あなたたちはすごい。でも、合格できなかった子も、うちの学校を受けようと思う子なんだから、力はあるに決まっている。たまたま今回の入試では、紙一重で違いが出た。もう一回、試験をすれば、この場にいる何十人かの生徒は入れ替わるでしょう。

だから、みなさんにお願いしたい。この灘校で勉強したかった人たちのためにも、精一杯充実した時間を送ってください」

私はこの言葉を聞いて、本当にその通りだなぁと思いました。入試の結果はそのくらいの違いであって、どんな子でもこの先に伸びていく力を持っています。

中学受験は勝ち負けではないし、人生のゴールでもありません。**中学受験を通じて培った〝学び〟の姿勢が本当に生きてくるのはこれから**なのです。

もし全落ちして、公立中学に進学することになったら

中学受験ですべてが不合格となり、公立中学へ進む子がいます。小学校生活の半分も受験勉強を頑張ってきたのに、どこにも受からなかったなんて「かわいそう」という目を向ける人もいますが、この本をお読みになっている親御さんなら、夫婦でしっかり〝子育てのビジョン〟を話し合った上で、受験校を決めていってくださることでしょう。

第2章でふれましたが、私立と公立には、それぞれメリットとデメリットがあります。お子さんを中心に考えたとき、公立中学には致命的なデメリットがあると思ったなら、万が一のことを考え、受験校の数も多めに用意をしていたと思います。

いわゆるお試し受験から始めて、確実に合格を押さえる学校とややチャレンジの学校など併願校選びも丁寧に行ったご家庭は、入試時期の気持ちのフォローと健康管理だけ気をつけていれば、全落ちということはまず考えられません。

一方、そこまでの致命的なデメリットはないけれど、私立のほうが〝魅力がある〟と

感じて中学受験を進めてきたご家庭は、受験校も「ここならぜひ入れたい」という学校に絞ったのではないでしょうか。

そういう場合は、仮にすべてが不合格になったときは、公立中学に進学すると決めておいたのではないかと思います。ですから、周りの目がどうであろうと、「うちはこういう選択をした」と、胸を張ればいいと思います。

すでにお伝えしている通り、公立中学に通うことになると、この先に決めなければならないことや、準備をしなければならないことがたくさんあるということだけ意識していれば、問題ありません。

中学受験は親のサポートが必要ですが、**中学生になったら学校や子どもに任せておけば大丈夫というわけでもありません。**今の公立中学の先生は本当に忙しく、生徒一人ひとりを手厚く見てあげられる余裕がないのです。中1からすぐに塾通いをする必要はありませんが、目標にする学校によっては早めに準備を進めておいたほうがいいでしょう。

また、これまでは中学受験が必要な私立中高一貫校については調べていたと思いますが、高校受験で入れる私立高校については情報が手薄だと思います。こうしたことも早めに知っておけば選択肢が広がるし、何より余裕を持って準備を進めることができます。

子どもが中学生になっても、「まだ親がサポートをしなければいけないの?」と思うかもしれませんが、中学生になったからといって、いきなり子どもだけで進められるものではありません。中学受験は、嫌でもやらなければならないタスクを塾が毎週たくさん渡してくれますから、親子で何をやればいいのかが割とわかりやすい世界です。

それに対して公立中学に進学する場合は、家庭が主体となってさまざまなことを自主的に選び、決めていかなければなりません。新生活が好スタートを切れるように、特に**中1の間は親子でしっかりコミュニケーションをとりましょう。**

ただ、小学生のときと違うのは、**子どもにも意志が出てくる**ことです。思春期に差しかかり難しい年頃になってきますが、それは大人に近づいている証拠。

今までは子どもの気持ちを汲み取りつつも、やはり親が引っ張っていかなければならない部分もあったと思います。それが中学生になると、引っ張ってきた手を少しずつ離していくことができます。

これからは、親として伝えたいことは伝えつつも**「あなたはどうしたい?」「あなたは**

どう思う?」と子どもの声をしっかり聞くように、親の側のスタンスを切り替えていきましょう。こうして、子どもは少しずつ自分の意志で決めていく経験を積み、自立へと向かいます。

受験はプロセスにこそ成長が見える

中学受験を終えたときに、ぜひ取り組んでもらいたいことがあります。合否にかかわらず、これまで受験勉強に取り組んできたお子さんと、そのサポートをしてきた親御さん自身を一度振り返ることです。

塾が始まったばかりのころは、家庭学習のペースがつかめず、親子で試行錯誤の日々だったのではないでしょうか。仕事との両立が大変で、悩んだときもあったかもしれませんね。

受験勉強が進むにつれ、テストを受けるたびに上がったり下がったりする成績に、心穏やかでいられないときもあったかもしれません。親子のバトルもあったでしょう。思うように成績が伸びていかず、途中で志望校を変えたご家庭もあったかもしれません。

本当に大変だった日々を思い出して、「もう二度とごめん」「同じことをもう一回やれと言われても、できる自信がない」「われながらよくやれたと思います」と、みなさんおっしゃいます。

そして思うのです。

もし、中学受験に挑戦していなければ、今ほどの知識を得ることができただろうか？毎日鉛筆を握り、問題に向かうということが当たり前になっていただろうか？　2時間、3時間集中して勉強ができる学習体力が身についていただろうか？

中学受験の勉強を通じて、お子さんは、知らないことは習ったり調べたりするとわかるようになること、覚えることと覚えた知識を使うことは頭の使い方が違うということ、パッと見ただけではわからない問題も、「とにかく考えてみよう」と取り組めるようになったことなど、勉強に対する取り組み方についてもたくさんの学びを得ています。

頑張れば伸びていくこと、頑張っても叶わないことがあることも経験したと思います。

今、ここにざっと挙げただけでも、中学受験に挑戦した子どもたちは、これだけの力をつけ、これだけの経験をしています。

また、親御さん自身も中学受験のサポートをする中で、「わが子の力を伸ばすには、どうしたらいいのだろう？」と考え続けた3年間を過ごしてきています。

わが子の〝ノリノリ状態〟はどんなときだろう？　今、何ができて、何に困っているのだろう？　日々の子どもの様子を見ていく中で、親としての観察力は格段に上がっています。

一方で、親にもできないことがあることを実感し、いろいろな人の力を借りることの大切さも学んだはずです。

中学受験に取り組んできたご家庭は、結果がどうであれ、親も子も価値ある経験を積んできています。受験には合否が出るため、どうしても結果に目がいってしまうのは仕方がありません。

でも、本当に大事なのは結果ではなく、プロセスです。**中学受験を通じて、できなかったことができるようになったこと、気づけなかったことが気づけるようになったことが、たくさんある**と思います。どうかその経験を親子の自信に変え、次のステップへと進んでほしいと思っています。

私も、息子の中学受験が、本人にとっても、自分たち親にとっても意味のある時間であってほしいと願っていました。そのためわが家では、12月ごろから夫婦で「まだこれからが大事だけれど、お互いにここまでよく頑張ってきたね。彼もずいぶん成長したよね」という会話を増やしました。

話してみてわかったのは、私も妻も、自分自身としては中学受験をしてきたことにすでに納得していた一方で、「相手の気持ちはどうかな？」と気にしていたということです。「希望通りの合格でなかったらやっぱりダメだと思っているようなら、自分だけ納得していたら悪いかな？」という気持ちです。

会話を通して、お互いが同じ気持ちでいることを確認しあえたので、「万が一公立に行くことになっても、あの人は大丈夫でしょ」という話もできました。「もし問題が起きるとしたら、僕たち親のほうだろうから、しっかりしなきゃね」と。

中学生になると子どもの生活はガラリと変わる

中学生になると、子どもの生活はガラリと変わります。

まず、行動範囲がグンと広がります。これまでは自宅から歩いて小学校へ通っていましたが、私立中学に入学すると、多くの場合は電車に乗って通学するようになります。そのため、朝は早く、帰りは遅くなり、家で過ごす時間が減ります。

学校の授業スタイルも変わります。

小学校ではクラス担任の先生がすべての教科を教えていましたが、中学になると教科担任制になり、教科によって先生が変わります。小学校では朝から帰りのホームルームまで、1日中同じ先生と過ごしますが、中学の担任は朝と帰りと、その先生の担当教科でしか話す機会がありません。このように、担任の先生との関わりが大きく変わります。また、勉強も算数が数学になり、英語が主要科目になります。各学期には中間テストや期末テストの定期テストがあります。

中学受験を経験している子なら、教科担任制や定期テストには慣れていそうなものですが、意外にそうでもありません。塾の授業は入試に向けて、またその逆算としての毎月のテストに向けて点数を取るための内容でした。出題される問題を解くための知識が整理され、問題演習を繰り返し、宿題をしっかりとやりこんでいれば同じ問題や似た問題がテストでも出題される。非常にわかりやすい勉強だったのです。

しかし**中学以降の学習は、理解し考察、探求することが軸となります。**授業中に解く問題も、宿題として指示されるものも、理解を深めることに目的が置かれています。

学力レベルの高い学校では、生徒が自分自身で考えるための素材として「習っていない問題」を、あえて混ぜてきます。英単語テストや計算テストなどは塾と変わらず頻度高く実施されますが、大きなテストは定期考査のみ。理科や社会などは期末テストだけということも多く、テストまでの期間はかなり間が空きます。

つまり、「何をやればいいのか、わからない」という気持ちになりやすいのが中学以降の学習なのです。中学に入ってすぐ塾に通わせたがるご家庭は、こうした中学校の学習方法について理解ができていないことも理由にあるようです。

せっかくの中学での学びを、中学受験そのままのやり方で進めてしまうのは子どもの成長を考えてもあまりにもったいないことなので、中学受験塾と中学校での学習との違いを整理しておきます。ぜひ、参考になさってください。

［中学受験塾］授業を受ける→宿題をこなす→覚える→テストで点数が取れる

［中学］授業を受ける→宿題を通して理解を深める→予習する→問題意識を持って授業を受ける→テストでの出題を予想する→対策する→テストで点数が取れる

「テストでの出題を予想する→対策する」のステップが特に重要です。ここを自分でできるようになれば、授業を受ける必要性すら、自分で判断できるようになります。

歴史のある進学校では、高校2年生あたりから、卒業に必要な単位数を考えつつ、授業を選別して自分で学習する時間を増やす生徒が出てくるのですが、それは中高での学び方を身につけているからこそ、できることです。

そういう学校では、「自分でできるなら、授業は出ても出なくても構わない」と公言する先生も珍しくありません。それは「大学受験対策は予備校でやってくれ」と言っているのではなく（ここ、本当に誤解している方が多いです）、主体的に学ぼうとする生徒を、懐深く見守ろうとされているのですね。

もう一つ、中学生になってからの大きな変化は、部活動が始まることです。

小学校のときにもクラブ活動はありますが、中学の部活動は放課後ほぼ毎日行われます。所属する部活動によっては、朝の練習があったり、土日に試合や大会が入ったりして遠征することもあります。部活動に費やす時間は、学校によっても、その部活動によっても大きく異なります。

また、必ずしも所属しなくてもいい場合もあります。中高6年間で思いっきり部活動に励んでもいいし、部活動はそこそこに、趣味に没頭するのもアリです。

どのようなスタンスを取るかは、お子さんの意志に任せればよいでしょう。ただ、少し気にかけてあげてほしいのは、何を選ぶのかを決めかねているうちに、ずるずると日が経ってしまうことです。ほかの子たちは自分たちのグループができていく中で、「いまさら入れないし……」と自分の居場所を作りそびれてしまうということがあります。

決めかねている様子なら、朝ごはんミーティングの要領で、軽く背中を押してあげるといいでしょう。「クラブはどれが候補なの？」「見学はいつの予定なの？」と問いかけてあげたり、「迷っているなら、とりあえず見学だけしてみたらいいんじゃない？」と軽く促してあげたりするといいでしょう。

どこを選んでも、あなたの選択を尊重するよという気持ちが伝われば、少々のおせっかいは、子どもも嬉しいものです。

いずれにしても、中学生になると、子どもは子どもなりに忙しくなります。また、今までは何でも親御さんに話をしていた子も、思春期で口数が減ったり、親よりも友達との関係を大切にしたりするようになります。

家にいる時間が少なくなる上に、精神的な自立も始まる。中学受験のサポートをしていたときは、親子で過ごす時間が多かっただけに、突然の変化を寂しく感じたり、心配になったりするかもしれませんが、これも自立へ進む第一歩。

ここからは**少しずつ手を離し、目を離し、でも心は離さないという「心で見守る」スタンスへと変えていきましょう。**

中1は子どもの自立学習を見守る期間

難関中学の合格発表日に、校門前で入塾を勧誘する大学予備校があります。中学受験の準備のために、小学校生活の約半分を受験勉強に充て、合格を手に入れた喜びも束の間、次は大学受験へと向かう。

目指したい大学があることは、とてもいいことだと思います。でも、そのためにまた中1から進学塾のレールに乗って受験のための勉強をすることが、果たしてお子さんのためになるのでしょうか？

特に東京では、中学受験でSAPIXが圧倒的に存在感を発揮してしまった（あえて「しまった」と表現しています）ために、中学に入ると、今度は鉄緑会（東大受験指導専門塾）に入ることが当たり前、という風潮が生まれています。東大や国公立医学部を目指すには、鉄緑会に通わなければならないと信じ込んでいる人も増えていて、かなり異常な光景です。

「社会に出たら公立出身者のほうが強い」という言葉はよく耳にするのですが、いつまでも塾のレールに乗って進ませたがるご家庭を見ていると、それも一理あるなと考えさせられます。

大学附属校でない限り、6年後にはまた受験があります。新しい入試には不透明な点もあり、不安に感じている親御さんは多いことでしょう。

また、これまで塾を中心とした勉強を進めてきたので、そのほうが学習ペースをつかみやすいと感じている親御さんもいるでしょう。

気持ちはわかりますが、6年間一本調子で大学受験の勉強をし続ける子なんて、ほとんどいません。必要もありません。中高6年間の間にも、子どもの成長の段階がありま す。大学受験を念頭に置いて6年間をとらえるなら、ごく大雑把な分け方ですが、次のような3段階でとらえると、わかりやすいと思います。

［中高6年間の成長の3段階］

中1・中2＝自立期：自分で学習する土台作りの期間。基本知識を身につける。

中3・高1＝探求期：深く考える力を養う期間。すぐに答えを出すことよりも、調べたり、話し合ったり、興味を持ったことに没頭したりと、一見ムダに見えるようなことに、時間を使う。

高2・高3＝実践期：大学入試を意識した知識強化と問題演習、トレーニングを行う期間。

中学受験は子どもがまだ幼いために、どうしても親のサポートが必要でした。でも、お子さんは中学受験を通して、勉強のやり方や考え方、学習スケジュールの立て方を少しずつ身につけてきました。それを今度は、自分だけの力でやれるように促していきましょう。

ただ突然、手を離してしまうと、子どもはどうしていいのかわからず戸惑ってしまいます。そこで中1のはじめは、まだお子さんをしっかり見てあげてください。そこから少しずつ距離を置き、子どもだけで進められることはどんどんやらせてみて、何か困っている様子が見えたら、サポートをしてあげましょう。

中学生になったら、まずは学校の勉強を第一に考えることを、おすすめします。

定期テストで好成績を取るには、いつから対策を始めればいいか、子ども自身に考えさせてみてください。はじめはうまくいかないこともあるかもしれませんが、人は失敗から学びます。

「前回のテストでは勉強を始めるのが遅かったから、次はもう少し早くから取り組んでおこう」「〇〇先生のテストは、教科書の小さなコラムに載っているようなことまで出るので、よく読んでおこう」など、自分で気がつくことが大事です。

そうやって、学校の勉強を通じて、勉強のやり方や進め方を身につけていけば、受験勉強だって十分に対応できます。

その上で、必要に応じて塾や予備校を利用するのはよいと思います。

私立中高一貫校の場合は、先生の入れ替えが少ないため、一人の先生に6年間習うこともあります。でも、先生によっても力量が違うし、お子さんとの相性もあります。英語はもっと高いレベルまで到達させてくれる先生に習いたい、数学だけは先取りをしておきたいなど、**お子さんの希望に応じて、組み合わせていく**といいでしょう。

なお、学校によっては、受験対策を一切しないところもあります。

手取り足取りの中学受験塾に慣れていると、こうした学校の方針に戸惑い不安になって、慌てて塾や現役予備校に通わせたくもなるようですが、一度立ち止まってください。学校の教育方針、先生たちの考え、その学校で先輩たちがどのように成長してきたのかを、正しく知ることが先です。

先に示した「中高6年間の成長の3段階」をもう一度見てほしいのですが、「本校は受験対策を一切行いません」とうたう学校は、「自立期」と「探求期」を重視しているのです。そして、この2段階を豊かに過ごせた子たちであれば、入試の実践期などどうとでもなるという考えです。

そうした学校の先生が「最後は、塾や予備校に行ってもいいと思いますよ」と言うのは、「土台を育てておけば、テクニックや知識のトレーニングは目的別、学力別で塾を使うほうが効率的だろうし、それでいい」という意味です。

こういった深い考えを理解せずに、わかりやすい「対策」を行ってくれないからと思って中学から塾に通わせてしまうのは、子どもの人生を考えたときに得策なのかどうか、冷静に考えてみてほしいと思います。

では、学校の考えをどのように知ればいいかというと、個人懇談などの際に先生に質問してみればいいのです。「塾通いせずに難関大学に進学されたお子さんたちは、どんな学校生活を送っていらっしゃったのですか?」と。3人ぐらいの事例を聞けば、お子さんに重ね合わせやすいロールモデルも見つかると思います。

また、卒業生の中で社会で活躍している人を調べてみるのもいいですね。どんな中高時代を過ごしたのか語っているインタビューが見つかれば、大いに参考になるでしょう。

今ならSNSを活用するのも有益です。ツイッターやフェイスブックで「(学校名) 卒京大」などと検索すれば、先輩たちが見つかりますから、フォローすればリアルな情報が入ってきます。ツイッターならリプライやダイレクトメッセージを使って、その人に直接質問することだって簡単です。

わが子が通う学校の価値をよく理解した上で、**中1を子どもが自立する見守り期間**として生かしていってください。

話題の豊富さが人生を豊かにする

高校生になると、大学受験を意識するようになります。日本の大学に進学する場合、入試の段階で学部学科が決まっていることが主流のため、高2の段階で理系・文系にコースが分かれるのが一般的です。

また、はじめから私立大学のみを受験すると考えている場合、入試に必要な教科は一生懸命勉強をするけれど、必要のない教科は勉強をしない子もいます。このように、大学受験の損得だけを考えて勉強するのは、とても残念に感じます。

ある会社にとても優秀な営業マンがいました。その人が営業に行くと、次々に商談が決まるのです。いったいどんな戦略を立てて商談に臨んでいるのだろうと興味を覚えたので、話を聞いてみました。

すると意外なことに「いやー、そんな難しいことをしているわけではないですよ。ただ、たわいのないおしゃべりができるように準備しているだけです」と返ってきました。

なんでも、お客さんのところへ行くときは、その地域の情報を事前に調べ、オフィスの近くにどんなお店やレストランがあるかをチェックするそうです。以前に近くに行ったことがなかったかどうかも思い出し、地域ゆかりの有名人がいないか、といったことも調べるとのこと。「あそこのお店のケーキは、おいしいらしいですね！」といったローカルな話題を会話に入れることで、相手とぐっと打ち解けられるそうです。

人は誰でも自分が暮らす地域のことを知ってくれると嬉しいし、よい印象を持ってもらえると、その人に対しても好意を抱くようになります。

相手のことを理解しようと努める人は、自分も相手から好かれるし、この人とならー緒に仕事がしたい、この人になら頼んでもいいかな、と思わせる魅力がある。ビジネスとはいえ、いやビジネスだからこそ、やはり人対人のコミュニケーションが大事です。

同じように、海外の人と仕事をするときに、相手の国の文化や宗教、文学や歴史を理解している人は、受け入れられやすくなります。では、それをいつ学んだのかといえば、国語であったり、世界史であったりするわけです。そうやって幅広く学ぶからこそ、話題も豊富になるのです。

さらに大切なことは、自国の文化や歴史を理解することです。初めて会った人と話すことをイメージしてみてください。自分のことは何も明かさず、こちらの話ばかりしてくる人を信用できるでしょうか。なんだか胡散臭いですよね。

海外の人と交流するときも、同じことです。自国の話を相手に紹介でき、相手の文化や歴史についても知識を持っている、知ろうという気持ちを持っている人は、成熟した大人と扱われよい関係を築いていきます。

入試に必要だからとか必要でないからといって、教養の幅を狭めてしまうのはとても残念なこと。社会で働く親御さんたちは実感していると思いますが、教養のある人ほど話が面白く、人としての魅力を感じますよね。

もちろん、学びは学校の授業だけではありません。たくさん本を読んだり、いろいろな人に会ったり、海外を訪れたりと、さまざまな経験から得られるものです。

十代の多感な時期に、こうした**経験をたくさん積むことができるのが、6年間のゆとりがある中高一貫校のよさ**ではないかと感じています。その環境を渡してあげるために中学受験をしたことは、忘れないでほしいと思っています。

親ができるたった一つのことは「見守る」こと

中学受験に携わるようになって、もうすぐ30年になります。その間に子育ての環境は大きく変わりました。

かつては、いい大学を出て、一流の企業に就職できれば一生安泰と言われていましたが、学歴や終身雇用神話が崩れてしまった今は、一人の人間として充実した人生を送るためには、何を選択すればよいかが問われる時代になっています。

生き方が多様化したことによって、子育てにおいても選択肢の幅が広がりました。

かつては、子どもが15歳になるまで進路のことなど考えなくて済んでいたのが、今は選択肢が広がったことで、早い段階から決めなければならないことも増えています。自分が子どもだったころと世の中が大きく変わっている中で、親として決めなければならないことがたくさんある。

本書は、そんな今の時代に子育てをする親御さんに向けて、〝わが家軸〟を持った子育てをお話ししてきました。

中学受験の本なのに、受験勉強そのもののテクニックなどにはほとんどふれていないのは、中学受験という「手段」によって、家族で描いた〝子育てのビジョン〟を叶えていくために知ってほしいこと、考えておきたいことがそれほどに多いからです。**親であることで生じるさまざまな感情や葛藤とのつきあい方が、とても大切**だからです。

中学受験の準備期間は、小学校生活の半分を費やすほどの長期戦です。ところが、中学受験で「当初の」第一志望校に合格できる子の割合は、3割にも満たないと言われています。この「3割」をどう受け取るかにも、家庭の姿勢が表れます。

中学受験の結果を勝ち負けで見てしまうと、たくさんの時間とお金をかけたのに全く割りが合わない。そう考える方もいらっしゃるでしょう。でも、この本を最後まで読んでくださった方なら、そういう発想にはならないと思います。なぜなら、中学受験を経て得られることの意味を、十分に考えてくださっているからです。

今、私は「当初の」とわざわざ書きました。ここは大切なポイントなのですが、子どもたちが最終的に受験した学校の合格率は「3割」などではなく、もっと高いのです。さらに、不合格の学校もあったけれど、合格した学校もちゃんとあって十分に満足しているというご家庭を含めれば、大多数のご家庭が「合格」で受験を終えられています。

ただ、全員ではありません。やはり「勝ち負け」の視点から抜け出られなかったご家庭は、苦しい引きずり方をすることもあります。

これも東京を中心とした首都圏特有の事情ですが、SAPIXをはじめとした首都圏の塾は、装置産業の色合いが強く、入試が近づくとあとは家庭任せで気持ちのフォローも何もしてくれないということが、よく起こります。この状態で「勝ち負け視点での中学受験」をしてしまうと、希望が叶わなかったときに心の傷が残りやすくなります。

私が代表を務めてきた個別指導塾で特に力を入れてきたのは、ご家庭にとっての受験の意味を十分に聞くこと、一緒に考えることでした。中学受験の日々が、お子さんにとっても、親御さんにとっても意味のある時間となるために、最後の最後までサポートすることを大切にしてきました。

ですから、入試日の1ヶ月前ごろから入試期間中、そして入試が終わってからの1ヶ月ほどは、ひたすら面談とポイント指導の繰り返しです。

「終わりよければすべてよし」とするためには、**中学受験の場合は、入試日をはさんだ前後1ヶ月の過ごし方、心の持ち方が大切**だからです。

子育ては、親の価値観が反映されます。中学受験を選択したのも、「この環境がこの子には合っているに違いない」と思って選んだことでしょう。そして、その環境にお子さんを連れてくるところまでたどり着いた。

ここからは、少しずつお子さん自身に任せ、自分の人生を選択する経験を積ませてあげる段階です。親はその土台は作れるけれど、その上に何を積み上げていくかは、お子さん自身が決めること。うまく積み上げられずにぐらぐらしたり、落ちそうになったりすることもあるかもしれません。でも土台さえしっかりしていれば、また積み上げていくことができます。

この土台こそが、親御さんの愛情です。これまではその土台を親子で一緒に作ってきましたが、これからはお子さんの力を信じて見守ってあげましょう。

自分で人生を選び取り、自分の足で立てるようにする。これこそが、子育てのゴールだと思います。

おわりに――手に入れたのは家族の信頼と自信

2019年2月、わが家の中学受験は無事終了しました。

ご縁あって第一志望校の灘中に入学した息子は、すぐに学校にも馴染み、友達と毎日楽しく過ごしています。

2学期の中間テストの初日、昼にはテストが終わったはずなのになかなか帰ってこないなと思っていると、LINEメッセージで「いま鬼ごっこしてるでの　帰るのは2時間後かの」(おじゃる丸ファンの息子は話し方がおかしい)と送ってくるぐらいの、のほほんぶりです。

学校が大好きで毎日喜んで通う様子を見て、夫婦で「本当によかったね」と毎日のように話をしています。

夏休みも毎日朝から学校に行って、水泳部で少し泳いだあとは鉄道研究部に入りびたって夕方に帰ってくる息子に、妻も「本当に好きだねぇ」とさすがに呆れ半分。そして、「去年の夏は大変だったぁ」と続きます。受験の日々が、ふっと思い出されるのです。

本書を通してわが家の受験事情も話してきた通り、妻は息子の勉強そのものにはほとんどタッチせず、息子も自分の体力に見合った学習にとどめてきました。「無理を重ねる受験」には親子ともに陥らないよう工夫し、会話を重ねて、本人自身が成長できることを最優先にしてきた中学受験です。

本人自身が自立して勉強に取り組めるように、また妻が塾のスケジュールやテスト成績に振り回されないように、知識と経験を注ぎ込んできました。妻も努めて冷静に、余裕を持って見守れるように頑張ってきました。

夫婦でもよく話しましたし、私が出張中で家にいないときも、気になることがあれば妻は必ずＬＩＮＥでメッセージを送ってくれて、「どうしよう？」と二人で相談できるようにしてくれました。

しかし、それでも中学受験は大変でした。「中学受験生の親」をやるというのは、これほどにストレスを感じるものなのかと実感させられました。

テスト結果が思ったより悪かったとき、勉強に対して本人が少し投げやりな姿勢を見せたときに、カッとなって怒鳴りつけてしまったことが何度もあります。

勉強の手助けの仕方で、夫婦がお互いを責め合うような日もありました。

テスト結果に一喜一憂してしまう自分自身を嘆いて、「言っちゃだめってわかっているけど、気持ちが止められない」と妻が泣き崩れたこともあります。

「これがこの人のペースってわかってるけど、ぼーっとしている様子を見たら『もっと勉強したら』と言いたくなってしまう。一緒に家にいたくないとさえ思ってしまう」と、悩みを相談されたこともあります。


うまくいってほしい、頑張った分だけ成果につながってほしいと思うのは親として当たり前の感情だから、必ずわけもわからない不安が襲ってくるよ。心の準備はしておこうね、と小4のときから話してきていても、いざリアルに中学受験生の親となると心が乱れるのです。

だから、たくさんのことを考えました。たくさんのことを話し合いました。調べました。その成果が本書です。


この本を書き上げたあと、妻とランチをした時の会話です。

「今、本当に幸せ。大変だったけれど頑張ってよかった」

「うん。合格できたのはもちろんよかったけど、それ以上に意味があったな」

「あの人は大丈夫、うちの家族は大丈夫って、今、心から思えるもん」


中学受験を通して私たちが手に入れたのは、家族お互いの信頼と自信です。

本書とともに中学受験に向き合うあなたのもとにも、この幸せがきっと訪れます。

お子さんを信じて、家族を信じ合って、幸福な中学受験を叶えていってください。

心より応援しています。

２０１９年12月吉日

小川大介

親も子も幸せになれる　はじめての中学受験

2019年12月31日　初版発行

著　者　　小川大介

発行者　　小林圭太

発行所　　株式会社 CCCメディアハウス

〒141-8205

東京都品川区上大崎3丁目1番1号

電話　販売 03-5436-5721

　　　編集 03-5436-5735

http://books.cccmh.co.jp

印刷・製本　豊国印刷株式会社

ISBN 978-4-484-19232-1